Heike Scheiding-Brode

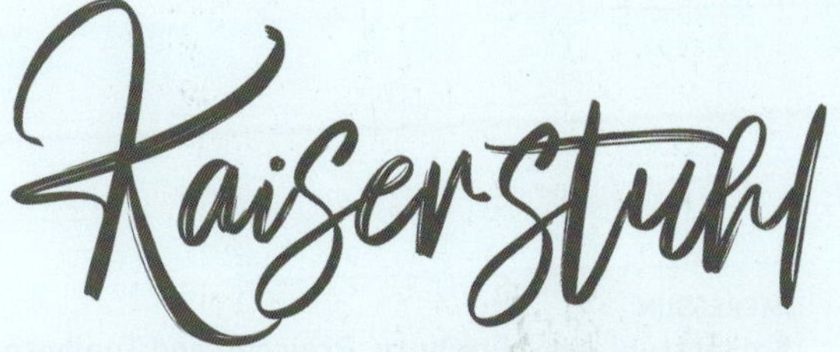

Kaiserstuhl

MIT FREIBURG, BREISGAU UND TUNIBERG

50 MIKROABENTEUER

ZUM ENTDECKEN UND GENIESSEN

360° medien

IMPRESSUM

Kaiserstuhl – mit Freiburg, Breisgau und Tuniberg
50 MIKROABENTEUER ZUM ENTDECKEN UND GENIESSEN
Heike Scheiding-Brode

Nachtigallenweg 1 I 40822 Mettmann
360grad-medien.de

Redaktion und Lektorat: Christine Walter

Satz und Layout: Marc Alberti

Gedruckt und gebunden:
Himmer GmbH Druckerei & Verlag I Steinerne Furt 95 I 86167 Augsburg
www.himmer.de

Bildnachweis: siehe Seite 256

ISBN: 978-3-96855-385-6
Hergestellt in Deutschland

360grad-medien.de

Vorwort

Man nennt unsere Region auch „die Toskana Deutschlands". Warum? Na, wegen der vielen Sonnenstunden und der wundervollen Wärme, denn Ihringen am Kaiserstuhl ist der wärmste Ort Deutschlands. Und ja, weil bei uns schlichtweg alles wächst und blüht. Khakis und Kiwis ebenso wie unser guter Wein, Walnüsse und Kirschen.

Urige Straußenwirtschaften, eine besondere Gastronomie, eine abwechslungsreiche Landschaft, gut ausgeschilderte Wanderwege und ein Paradies für Radfahrer machen die Region um die Breisgau Metropole Freiburg, den Kaiserstuhl und Tuniberg so einzigartig. Die Region Kaiserstuhl ist vulkanischen Ursprungs und wird durch eine einmalige Fauna und Flora gekennzeichnet. In unmittelbarer Nähe zu Frankreich ist der Kaiserstuhl eingebettet in die oberrheinische Tiefebene zwischen Schwarzwald und Vogesen. Die Ansicht: Rebterrassen, die teilweise aussehen wie Reisfelder auf Bali. Unsere ausgezeichnete Weinregion ist gekennzeichnet durch die Vielfalt an Burgundersorten.

Das genussvolle Lebensmotto unserer französischen Nachbarn, das Genießen der gemeinsamen Zeit mit Freunden und Familie, das gute Essen und das Gefühl von Zeit zum Leben, das macht unsere Region so liebenswert. Gerne kommen Touristen aus nah und fern in die Gegend, besuchen die Studentenstadt Freiburg mit ihren Bächle und dem Münster, machen einen Abstecher zum Kaiserstuhl und dem kleineren Bruder Tuniberg. Besuchen die Europastadt Breisach ebenso gerne wie andere Hotspots. Unsere Region ist so vielfältig, dass selbst die Einheimischen immer wieder Neues entdecken können. Man muss nur den Blickwinkel ab und zu ändern und das Besondere zu schätzen wissen. Wer noch nie hier war, der findet spannende Reisemomente mit diesem Buch. Da ist für jeden etwas dabei – vom Abenteuer bis zum Genuss, von kuriosen Dingen bis hin zu Erlebnissen zum Entspannen und Wohlfühlen.

Ich möchte Ihnen mit diesem Buch besondere Lebensmomente schenken und dabei einige der schönsten Orte der Region vorstellen. Empfehlungen für Radler, Wanderer, Naturliebhaber und Genießer finden sich hier ebenso wie wunderbare Foto-Spots, Vorschläge fürs Einkehren oder ein Rezept für die typische Spezialität des Kaiserstuhls, die „Kaiserstühler Walnusstorte".

Kommen Sie vorbei, ganz gleich, ob Sie nur ein paar Stunden oder mehrere Tage in der Region sind, hier werden Sie auf jeden Fall fündig. Ich wünsche Ihnen wunderbare Lebensmomente in Freiburg, dem Breisgau, am Kaiserstuhl und Tuniberg – in der wärmsten Region Deutschlands. Sie wissen ja, Vorfreude auf eine Auszeit ist bekanntlich die schönste Freude.

Heike Scheiding-Brode

Texaspass mit Totenkopf

Inhaltsverzeichnis

Ausblick-Moment auf dem Panoramapfad Waltershofen

Hinweis: Aus Gründen der besseren Lesbarkeit wird auf eine geschlechtsneutrale Differenzierung verzichtet. Entsprechende Begriffe gelten im Sinne der Gleichbehandlung grundsätzlich für alle Geschlechter. Die verkürzte Sprachform beinhaltet keine Wertung.

Willkommen am Kaiserstuhl, mit Freiburg, Breisgau und Tuniberg

Diese Region ist so abwechslungsreich und fantastisch. Da wäre zum einen der Kaiserstuhl. Für die Ferienregion zwischen Schwarzwald und Rhein gibt es sogar eine Dachmarke, die sich „Naturgarten Kaiserstuhl" (NGK) nennt. Das wiederum ist eine Gesellschaft, die von 19 Gesellschaftern getragen wird. Dabei sind dreizehn Gemeinden vom Kaiserstuhl und Tuniberg, der Landkreis Breisgau-Hochschwarzwald, drei Vertreter der Kaiserstühler und Tuniberger Weinwirtschaft, der Badische Landwirtschaftliche Hauptverband sowie der Kulinarische Kaiserstuhl als Vertreter der Gastronomie. Die ganzheitliche Entwicklung des Lebens-, Wirtschafts-, Natur- und Kulturraums Kaiserstuhl wird durch die NGK unterstützt. Die Dachmarke wurde mit dem Ziel entwickelt die Region und die Zusammenarbeit zu stärken, Synergien zu schaffen und der Region ein einheitliches Erscheinungsbild zu geben. Neben der touristischen Entwicklung und Vermarktung ist die Promotion der Regionalmarke „Kaiserlich genießen" mit ausgewählten Produkten und Dienstleistungen vom Kaiserstuhl ein Kernanliegen der Gesellschaft.

Rebterrassen wohin das Auge blickt

Wie eine grüne Insel erhebt sich der Kaiserstuhl auf zehn Quadratkilometern aus der Rheinebene zwischen Schwarzwald und Vogesen. Aus vulkanischem Gestein geformt und vom milden Klima verwöhnt, ist diese vielfältige Natur- und Kulturlandschaft seit Jahrhunderten durch den Weinbau geprägt. Der Basalt- und Vulkangesteinsanteil sorgt für vielschichtige, komplexe Weine. Die Burgunder-Oase in Baden verwöhnt mit Sonnenstunden pur und zählt als wärmste Region Deutschlands. Neun Gemeinden mit ihren Teilorten aufgeteilt in die beiden Landkreise Breisgau-Hochschwarzwald und Emmendingen zählen zum Kaiserstuhl. In seiner weitesten Ausdehnung vom Michaelsberg bei Riegel im Nordosten bis zum Fohrenberg bei Ihringen im Südwesten ist der Kaiserstuhl rund fünfzehn Kilometer lang, seine größte Breite beträgt etwa 12,5 Kilometer.

Der kleine Bruder des Kaiserstuhls ist der Tuniberg. Die neun mal drei Kilometer große Kalkstein-Erhebung liegt nur etwa 190 Meter über dem Meeresspiegel, dabei südlich vom Kaiserstuhl. Rund um den Tuniberg liegen die Gemeinden Merdingen und Gottenheim, die zu Freiburg im Breisgau gehörenden Stadtteile Waltershofen, Opfingen, Tiengen und Munzingen sowie Oberrimsingen und Niederrimsingen, die zu Breisach gehören.

Attilafigur

Und auf noch etwas stößt man: auf eine große Attilafigur. Ob dieser Hunnenkönig jemals am Tuniberg war, ist absolut ungewiss. Einer regionalen Sage nach soll allerdings auf dem Tuniberg immer wieder mal das Grab von Attila, dem Hunnenkönig gefunden worden sein. Überregional bekannt hingegen ist die Weinlage der Attilafelsen. Ursprung soll ein Aprilscherz der örtlichen Winzergenossenschaft gewesen sein. Vor der Attila-Mehrzweckhalle wurde am 1. April 1979 ein Attila-Denkmal enthüllt. Es wurde geschaffen vom einheimischen Bildhauer Rainer Stiefvater als Zementplastik. Es ist 2,50 Meter hoch und bietet ein tolles Fotomotiv.

Das Breisgau hieß bis ungefähr in das 6. Jahrhundert Neomagia oder provincia Neomagensis. Erst im 7. Jahrhundert nahm er nach Berg und Festung Breisach seine heutige Bezeichnung an. Breisach war schon zur Zeit der Römer ein fester Platz und gewann immer größere Bedeutung.

Blick über den Rhein auf das Breisacher Münster

Die Breisgau Metropole ist mit über 230.000 Einwohnern die wunderschöne Stadt Freiburg. Sie steht in Baden-Württemberg an vierter Stelle der größten Städte. Eine Stadt, die voll und ganz von Geschichte, Wärme und Freundlichkeit durchweht ist. Eine Stadt, die mit offenen Armen empfängt und 2020/21 ihren 900. Geburtstag feiern konnte. Die Herzöge von Zähringen gründeten Freiburg im Jahre 1120 mit dem Ziel, hier einen Raum voller Glück, Wohlstand und Fortschritt zu schaffen. Das stolze Münster und die verschlungenen Bächle durchziehen die Gassen von Freiburg. Doch Freiburg ist nicht mehr länger nur eine Stadt voll historischer Erinnerungen. Sie ist auch eine der größten Universitäten in Deutschland und ein Ort urbanen Wohnens. Um die 30.000 Studenten leben hier und studieren an die 200 Fächer. Moderne Hochhäuser ragen in den Himmel und bieten ein einzigartiges Panorama. Freiburg ist eine junge, dynamische und internationale Stadt mit vielen Möglichkeiten und Chancen.

Alles in allem ist Freiburg im Breisgau ein ganz einzigartiger Ort inmitten einer außergewöhnlichen Landschaft. Es bietet vielfältige Einblicke in eine unvergessliche Vergangenheit und verzichtet nicht auf innovative Zukunftschancen. Freiburg hat sich bereits in den 1970er-Jahren auf den Weg gemacht, eine umweltfreundliche Stadt zu werden. Viele nachhaltige Konzepte wurden erarbeitet und zahlreiche Projekte umgesetzt. Das Wir stand und steht nach wie vor jederzeit im Vordergrund: gemeinsam mit der Bevölkerung, der Wirtschaft, Wissenschaft, den Bildungseinrichtungen, den Kirchen, den kulturellen Einrichtungen und vielen weiteren Institutionen entstand ein einzigartiger Freiburger Mix, der mittlerweile weltweit unter dem Slogan „Green City Freiburg" bekannt ist.

Freiburger Rathaus mit Glockenturm

Ein weiteres wichtiges Thema ist der Weinbau, der eine nicht unbedeutende wirtschaftliche Rolle spielt. Freiburg, im Weinbaubereich Breisgau, grenzt an drei weitere badische Weinanbaugebiete: Markgräfler Land, Tuniberg und Kaiserstuhl. Mit rund 650 Hektar Rebfläche ist Freiburg die größte Weinbaustadt und eine der größten Weinbaugemeinden in Deutschland – dies vor allem durch die Eingemeindung mehrerer Weinbaugemeinden im Westen der Stadt in den 1970er-Jahren. Die Bedeutung des Weinbaus für die Stadt wird unterstrichen durch das hier ansässige Staatliche Weinbauinstitut und den Sitz des Badischen Weinbauverbandes.

Weintrauben, die Grundlage edler Tropfen

Und ein Blick auf den Fußball ist an dieser Stelle ebenso wichtig: der Freiburger SC, den man aus der Bundesliga kennt, spielt seit der Saison 2021/2022 im neuen Europa-Park-Stadion. Dieses hat eine Kapazität von 34.700 Plätzen und wurde in den Jahren 2018 bis 2021 neben dem Flugplatz gebaut.

Top 10

DER SEHENSWÜRDIGKEITEN IN DER REGION

1

Radbrunnenturm Breisach: In der Radbrunnenallee steht ein außergewöhnliches Kunstwerk des Breisacher Künstlers Helmut Lutz: die Radbühne aus dem Jahr 2013. Diese ist zwischen 1977 bis 1986 als bewegliche und bespielbare Verwandlungsarbeit im Breisacher Radbrunnen entstanden. Innen findet sich ein 41 Meter tiefer Trinkwasserbrunnen, der einst unter Bertold V. von Zähringen 1189 begonnen und mit einem hölzernen Tretrad bedient wurde. Der Turm war früher übrigens auch mittelalterliches Rathaus sowie Gerichtsstätte mit Folterkammer. Nach mehrfachen Umbauten dient der Turm seit 1983 dem Kunstkreis Radbrunnen als Ausstellungs- und Konzertraum. *kunstkreis-radbrunnen.de* und *sternenweg.de*

2

Stuhl Leiselheim: Woher hat der Kaiserstuhl überhaupt seinen Namen? Es heißt, der deutsche König Otto III. soll in Leiselheim im Jahr 994 bei seiner Durchreise ein Fürstengericht abgehalten haben. Als Otto III. zwei Jahre später zum Kaiser ernannt wurde, wurde aus dem einstigen Königstuhl eben der Kaiserstuhl. Ob das so alles historisch stimmt, ist nicht wirklich geklärt. Historiker meinen, dass die Bezeichnung „Kaiserstuhl“ erst 1304 belegt ist. Ganz egal, hier ist die Wiege des Kaiserstuhls. Und anlässlich der 850-Jahrfeier von eben dem kleinen Winzerdorf Leiselheim mit seinen 400 Einwohnern wurde ein sichtbares Zeichen dafür gesetzt. Ein sieben Meter hoher Holzstuhl steht an diesem einstigen Gerichtsplatz, dem „Gestühl“, und mutiert zu einem überaus beliebten Fotomotiv. *kaiserstuhl.eu/wundervolle-ortschaften/sasbach/leiselheim*

3 **Kunsthalle Messmer:** Leon Löwentraut, Disneys große Zeichner, Linda McCartney, Marilyn Monroe oder Dalì: Kunst, die nach Riegel in die Kunsthalle Messmer lockt. Aber damit nicht genug, denn im Skulpturengarten kann man wandeln, konkrete Kunst bewundern oder Kaffee und Kuchen genießen mit Blick auf den Leopoldskanal. In dem historischen Säulenraum des ehemaligen Brauereigebäudes werden Künstler aus dem Dreiländereck in Szene gesetzt. Die Sammlung Messmer umfasst etwa 1000 Ausstellungsstücke moderner und zeitgenössischer Kunst und setzt in wechselnden Ausstellungen immer neue Akzente. Ein Schwerpunkt liegt auf dem Schweizer Künstler André Evard, dessen Nachlass die Messmer Fondation betreut.

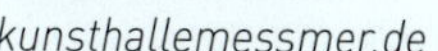

kunsthallemessmer.de

4 **Mondhalde:** Der rund zwei Kilometer, geteerte Anstieg auf den Gipfel mit 354 Meter Höhe lohnt sich allemal. Die „Mondhalde" liegt inmitten des Kaiserstuhls und ist ein Aussichtspunkt mit Pavillon und Sitzgelegenheiten. Der Weg, der auch für Kinderwagen geeignet ist, wird durch die vielen Informationstafeln – übrigens gleich in vier Sprachen – sehr kurzweilig. Hier kann man viel über die unterschiedlichen Weinsorten erfahren. Am besten, man nimmt sich ein kleines Picknick mit Wein oder Sekt mit und genießt die herrliche Aussicht. Der Panoramablick reicht ins Rheintal und in die burgundische Pforte.

5 **Bächle Freiburg:** Wer aus Versehen ins Freiburger Bächle „dappt", so sagt man, der muss einen Freiburger oder eine Freiburgerin heiraten. Manche starten auch bewusst den Versuch, denn Freiburg wirkt magisch und viele würden gerne hier leben. Die Bächle mit einer Gesamtlänge von rund 15 Kilometern haben Tradition. Erstmals wurden sie im Jahr 1246 urkundlich erwähnt. Damals nur mit Brauchwasser gefüllt, dienten sie als Löschwasser, als Tränke für die Tiere oder Putzwasser. Und heute? Da haben Touristen, Kinder und mancher Hund an den vielen Bächle eine große Freude. Und tatsächlich gibt es die Bächleputzer, die für Sauberkeit sorgen, die Bächleboote für die Kleinen, zudem das Bächlepicknick. *visit.freiburg.de/attraktionen/freiburger-baechle*

6 **Kirschblüte am Kaiserstuhl:** Dieses bezaubernde, wunderschöne Naturspektakel der Kirschblüte am Kaiserstuhl sollte man sich keinesfalls entgehen lassen. Und noch etwas, ein Fotoapparat oder das Handy für einzigartige Augenblicke dürfen nicht fehlen. Während auf den Höhen von Schwarzwald und Vogesen meist noch Schnee liegt, verwandelt sich der Kaiserstuhl zwischen Ende März und Anfang April in ein einziges Blütenmeer. Und wer ganz viel Kirschblüte erhaschen möchte, der sollte sich auf Schusters Rappen dem „Kirschbaumpfad" von Sasbach startend widmen. Hier wandert man knapp 15 Kilometer durch die duftenden hellrosa bis pink und weiß blühenden Kirschbäume hindurch. *kaiserstuhl.eu*

7 **St. Stephansmünster in Breisach am Rhein:** Das Wahrzeichen, hoch auf dem 35 Meter hohen Münsterberg gelegen, überragt die Häuser der Altstadt und die Rheinebene. Romanische und gotische Elemente prägen das Münster, erbaut im 12. bis 15. Jahrhundert. Das Gotteshaus birgt dabei viele Schätze: Dazu zählt einer der schönsten Schnitzaltäre Deutschlands aus den Jahren 1523 bis 1526 vom Meister H. L. (Hans Loi) geschaffen. Ebenso das „Jüngste Gericht" von Martin Schongauer. Der aus dem benachbarten Colmar stammende Künstler arbeitete von 1488 bis zu seinem Tod 1491 an diesem Meisterwerk der Wandmalerei. Zwar hat die Zeit, haben Zerstörung und auch eine nicht

sehr glückliche Restaurierung im Jahr 1931 viele Details der Komposition verlorengehen lassen, doch ist der großartige Eindruck ungebrochen. Und Beachtung findet zudem der silberne Reliquienschrein der beiden Stadtpatrone, 1496 vom Straßburger Goldschmied Peter Berlin aus Wimpfen vollendet. Der Schrein ist über und über mit Heiligenfiguren und Szenen aus Legenden verziert, darunter auch eine Stadtansicht Breisachs. *stadt.breisach.de/de/kultur/sehenswuerdigkeiten/st-stephansmuenster*

8 **Klostergarten Breisach:** Ein Brunnenplatz mit Beeten für Heilpflanzen, alte Gemüse- und Getreidesorten und Blumen, ein Obstgarten mit alten Sorten, eine Pergola mit Schattenplätzen: die Rede ist vom Franziskaner-Klostergarten. Bis 1793 stand auf dem Breisacher Münsterberg ein Franziskanerkloster. Lange Zeit lag das Grundstück des Klostergartens im Verborgenen. Heute kümmert sich ein Verein um die Anlage. Auf dem rund 1600 Quadratmeter großen Grundstück mit atemberaubendem Ausblick auf Kaiserstuhl und Schwarzwald findet sich hier ein Ort der Ruhe und des Genusses. *franziskaner-klostergarten-breisach.de*

9 **Skulpturenweg zum Rhein Weisweil:** Auf dem etwa zwei Kilometer langen Weg von Weisweil an den Rhein werden Spaziergänger, Familien und Radfahrer von teils sehr exotischen Figuren begrüßt. Pelikan oder Nilpferd, Gorilla oder Affe erfreuen die Vorbeiziehenden. Alle Holzskulpturen tragen die Handschrift des Weisweiler Holzkünstlers Karl Blattmann. Mit der Motorsäge haucht Blattmann dem Holz ein Eigenleben ein. Die tierischen Gesellen, rund 30 an der Zahl, sind Handarbeit und in Originalgröße. Am Rhein angekommen, hat man die Möglichkeit den Rückweg vom Kiosk über den Querweg, Balzersweg und dann Köpfle zum Schulsportplatz zu nehmen.
weisweil.de/erleben

10 **Quelle Badberg:** Das Badloch liegt zwischen Oberbergen und Alt-Vogtsburg. Die Quelle des Badlochs enthält Wasser, das ganzjährig 21 Grad warm und leicht radioaktiv ist. Es gibt ein Kneippbecken und ein größeres Becken. Schon die Römer sollen angeblich im 1. Jahrhundert n. Chr. das Wasser des Badlochs geschätzt haben. Sei es drum, die heutige Badloch-Quelle wurde laut Steintafel 1926 gebaut. Beim Badloch gibt es einen Parkplatz mit Picknicktischen und einen tollen Wanderweg auf den Badberg.
kaiserstuhl.net/sw/badloch.htm

Kurioses und Besonderheiten

Das Fastentuch im Freiburger Münster

✓ Europas größtes Fastentuch hängt im Freiburger Münster. Es ist Jahr für Jahr etwas Besonderes, wenn Hans Baldung Griens berühmter Hochaltar im Freiburger Münsters verhängt wird. Während der Fastenzeit, von Aschermittwoch bis Gründonnerstag, kommt ein zehn auf zwölf Meter großes Fastentuch zum Einsatz: Es wird mit Seilen befestigt und verdeckt fast den gesamten Chor des Münsters. Das über eine Tonne schwere Tuch besteht aus 13 Leintuchbahnen, die 1611/12 vom französischen Maler Francois Arparel bemalt wurden. Eine riesige Kreuzigungsdarstellung, wobei die Hauptfiguren über dreieinhalb Meter groß sind, steht im Fokus. Umrahmt wird das Bild von einem Bilderfries mit 25 Darstellungen, die die Leidensgeschichte Jesu erzählen. Die Tradition der Fastentücher gibt es seit dem Mittelalter. Mit dem Verhüllen der prächtigen Altarbilder will man das Kirchenvolk ganz bewusst an das Leiden Jesu erinnern.

✓ Der höchste Baum Deutschlands steht in Freiburg. Und diese etwa 110 Jahre alte Douglasie hat auch einen Namen: Waldtraut vom Mühlwald nennt man diesen 67 Meter hohen Baum. Gepflanzt wurde die Douglasie 1913. Um über 30 Zentimeter legt sie im Schnitt pro Jahr noch an Höhe zu.

✓ Sie wiederum zählt zu den schönsten Brücken Deutschlands: die 161 Meter lange Wiwilibrücke. Und weil sie so schön ist und ein echter Hingucker, wird sie auch sehr, sehr oft fotografiert. 1886 wurde die Brücke zu Ehren des damaligen Staatsoberhauptes auf den Namen Kaiser-Wilhelm-Brücke eingeweiht und 2003 dann nach Freiburgs Partnerstadt Wiwili in Nicaragua benannt. In der Breisgau-Metropole hält sich aufgrund des blauen Anstrichs der Stahlkonstruktion der Name „Blaue Brücke". Die Eisenfachwerkbrücke zählt zu den letzten erhaltenen Brücken dieser Art und steht unter Denkmalschutz. Übrigens, seit 1980 ist die Brücke mit ihren elegant geschwungenen Bögen für den Kfz-Verkehr gesperrt.

Die Wiwilibrücke über die Bahngleise

Die Freiburger Münsterwurst ein „Muss“

✓ Wer nach Freiburg kommt, ganz gleich, ob er in der Region wohnt oder als Tourist die Stadt besucht, der darf es nicht verpassen, sich eine typische Münsterwurst zu gönnen. Die Geburtsstunde der Freiburger Marktwurst war im Jahr 1949. Nur kurz nach dem Zweiten Weltkrieg begann der Bäcker Josef Föhrenbach neben seinen Backwaren auch Würstchen aus dem Wasserkessel anzubieten. Zwei Jahre später grillte er die Würstchen, was ihm zu einem hohen Absatz bei den Marktbesuchern verhalf. Und heute lautet am Münsterplatz die Frage: „Mit oder ohne Zwiebeln?“, wenn man seine Bestellung aufgibt. Bereits 1951 briet Josef Föhrenbach diese für noch mehr Aroma gemeinsam mit der Wurst an. Ein Dauerbrenner.

Klassik, Rosine, Mohn, Kirsche, Mandarin-Orange oder aux marrons – Stefans Käsekuchen ist ein weiteres kulinarisches Highlight in der Breisgau-Metropole. Dieser besondere, cremige Genuss aus Magerquark, Sahne, Zucker, Weizenmehl, Eiern und einigen weiteren Zutaten gehört zu Freiburg wie die Münsterwurst. Der gelbe Stand auf dem Münstermarkt ist nicht zu verfehlen, gleich in der Nähe des Kornhauses. Übrigens: In Zusammenarbeit mit der Freiburger Kaffeerösterei „5 Senses Coffee“ wurde ein Blend erstellt, der ganz wunderbar zu einem Stück Käsekuchen passt. Unbedingt probieren.

Stefans Käsekuchen – himmlisch lecker

SCHWEDEN
DÄNEMARK
Ostsee
Nordsee
Kiel
SCHLESWIG-
HOLSTEIN
MECKLENBURG-
VORPOMMERN
HAMBURG
Schwerin
BREMEN
BRANDENBURG
POLEN
NIEDERSACHSEN
BERLIN
Hannover
Potsdam
Magdeburg
NORDRHEIN-
WESTFALEN
SACHSEN-
ANHALT
Düsseldorf
SACHSEN
Dresden
Erfurt
THÜRINGEN
HESSEN
RHEINLAND-
PFALZ
Wiesbaden
Mainz
TSCHECHIEN
SAARLAND
BAYERN
Stuttgart
FRANKREICH
BADEN-
WÜRTTEMBERG
München
ÖSTERREICH
SCHWEIZ

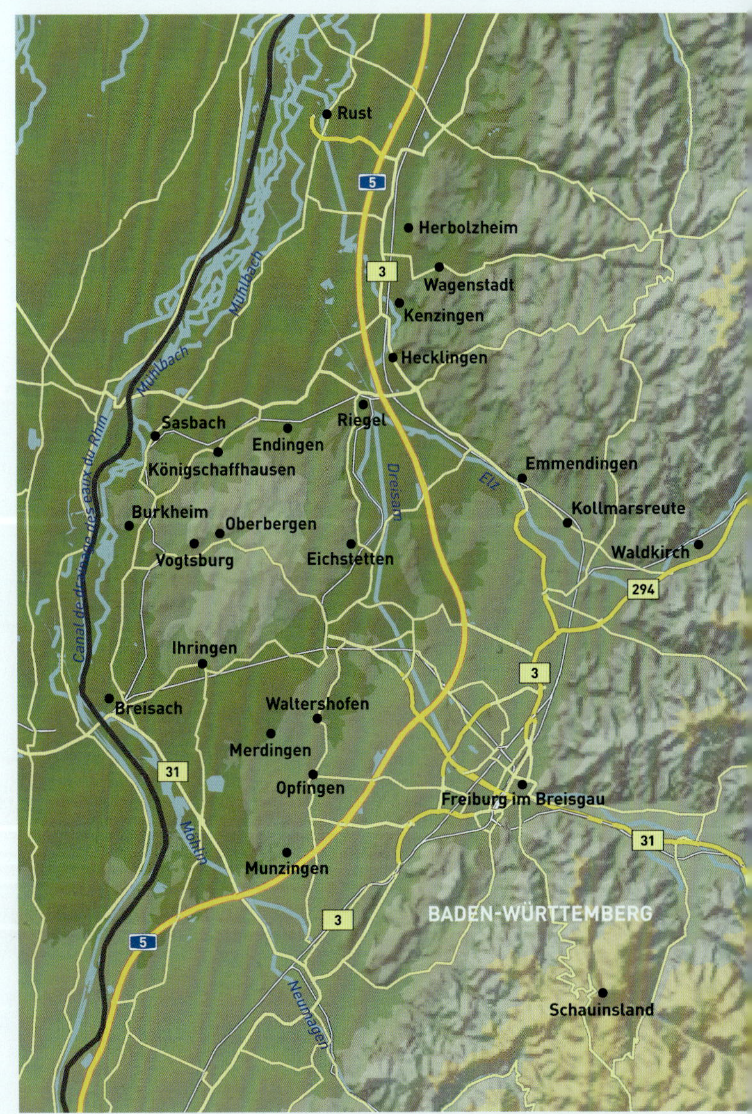
Rust
5
Herbolzheim
3
Wagenstadt
Kenzingen
Hecklingen
Mühlbach
Mühlbach
Sasbach
Endingen
Riegel
Königschaffhausen
Emmendingen
Elz
Dreisam
Kollmarsreute
Burkheim
Oberbergen
Vogtsburg
Eichstetten
Waldkirch
294
Canal de drainage des eaux du Rhin
Ihringen
3
Breisach
Waltershofen
Merdingen
31
Opfingen
Freiburg im Breisgau
31
Möhlin
Munzingen
BADEN-WÜRTTEMBERG
3
5
Neumagen
Schauinsland

Kaiserstuhl

Der Stuhl in Leiselheim – Geburtsort des Kaiserstuhls

Kaiserstuhl

1. Straußenwirtschaften: mit bunt geschmückten Reisigbesen
2. Städtlespaziergang Endingen: zauberhafte Wege durch die Gässle
3. Escape tour Endingen: Rätsel um „In Cantata Vinum“
4. Archäologischer Rundweg Riegel: Es grüßen die Römer
5. Kirschendorf Königschaffhausen: Die „Schwarze Königin“ hat das Sagen
6. Kreuzweg Sasbach Kaiserstuhl: Pilgerziel seit über 200 Jahren
7. Korkenzieher Museum Burkheim: Peepshow für ein Plopp
8. Kaiserstuhl-Radweg : attraktive Strecke für Radler
9. Kreuz-Post Burkheim: Gaumenfreuden und Wellness
10. Pino Magma: 100 Prozent Kaiserstuhl im Glas
11. Texaspass: Beste Weinsicht 2020
12. Eichelspitzturm: dem Himmel ein Stück näher

Weisweil
Mackenheim
Kenzingen
5
Wyhl am Kaiserstuhl
Forchheim
3
4
6
2
5
3
Sasbach am Kaiserstuhl
1
Leiselheim
Bahlingen am Kaiserstuhl
Alte Dreisam
Canal de drainage des eaux du Rhin
7
9
10
11
12
Oberrotweil
Eichstetten am Kaiserstuhl
Achkarren-Kreuzmatten
Hugstetten
Wasenweiler
Gottenheim
Ihringen
8
31
Breisach am Rhein
Waltershofen
Möhlin
Hochstetten
Merdingen
31
Vieux Rhin / Altrhein
Obersaasheim
5
Niederrimsingen
Geiswasser

1 Straußenwirtschaften

MIT BUNT GESCHMÜCKTEN REISIGBESEN

Strohbesen geschmückt mit bunten Bändern laden zum Einkehren ein. Hängt der Besen draußen, ist die Strauße, die Straussi, die Besenwirtschaft geöffnet. In der Region um Kaiserstuhl, Tuniberg und Breisgau gibt es etliche solcher Einkehrmöglichkeiten.

Spargel, Wild, Wein oder Schnaps – alles aus eigenem Anbau oder aus eigener Jagd bekommen die Gäste einer Strauße. Das hat nichts mit dem Vogel Strauß zu tun, denn ich rede von einem ganz speziellen Ambiente mit ausgesuchten, regionalen, kulinarischen Genüssen.

Der Spargel erblickt das Licht

Die Tradition der Straußenwirtschaft soll mehr als 1200 Jahre alt sein und auf Karl den Großen zurückgehen. Der soll laut Legende in einem Erlass aus dem Jahr 812 den Winzern den Betrieb von „Kranzwirtschaften" erlaubt haben. Also von Gastwirtschaften, die durch einen ausgehängten Kranz aus Reben oder Efeu kenntlich gemacht wurden. „Capitulare de villis vel curtis imperii" hieß diese Verordnung. Berühmt geworden ist sie aber nicht durch die Straußenwirtschaften, sondern als Landgüterverordnung mit detaillierten Vorschriften über die Verwaltung der Krongüter. Allerdings berufen sich bis heute Winzer in allen Weinanbaugebieten Deutschlands auf die lange Tradition, ihre eigenen Produkte vom Hof weg ausschenken zu dürfen. Das bedeutet in erster Linie ein Ausschank von selbst erzeugtem Wein durch den Winzer in seinen eigenen Räumlichkeiten. Ihren Namen hat sie von dem Strauß, mit dem die Winzer früher die Öffnung einer solchen Wirtschaft kennzeichneten: Hing der Strauß am Tor, so war geöffnet. Und das ist bis heute so. Zweimal im Jahr, im Frühling und im Herbst, sieht man hier in der Region die bunt geschmückten Reisigbesen und weiß, jetzt ist Strauße-Zeit.

Gerade zur Spargelsaison erfreuen sich die Besucher an leckeren Köstlichkeiten auf dem Teller. Spargel aus eigenem Anbau frisch gestochen vom Feld, mit Kratzede (Pfannkuchen), Schinken und Sauce Hollandaise, oder dem Badischen Dreierlei (Wurstsalat, Brägele und Bibiliskäs), aber auch Flammkuchen, Wildgerichte, Feldsalat und Kürbisvarianten im Herbst munden.

Badisches Dreierlei

Zu vielen dieser Straußen gehören auch Hofläden, die regionale Produkte wie eben Spargel, Erdbeeren, Kirschen, Äpfel, selbst gebackenes Brot und dergleichen anbieten. Hier in der urigen Strauße hat der Gast die Möglichkeit selbst erzeugte Weine und Schnäpse zu probieren und dazu passende regionale Spezialitäten zu genießen. In geselliger Atmosphäre kommt man

Hofladen von Gerhart's Straußе in Jechtingen

außerdem schnell mit dem Winzer und den Menschen an den Nachbartischen – oft aus der Region – in Kontakt und erfährt vieles über Wein, Land und Leute. Das ist gesellig, die Kontaktaufnahme geschieht ganz schnell und bringt für jeden neue Erkenntnisse und Eindrücke. Oft entstehen Freundschaften auf Dauer zwischen Einheimischen und Gästen, die immer wieder gerne einkehren.

Info

Lage: Straußenwirtschaften gibt es überall im Kaiserstuhl. Achten Sie auf die geschmückten Besen!

Einkehren:

- Gerhart's Strauße: Sponeckstraße 102, 79361 Sasbach am Kaiserstuhl, *gerhart-strausse.de*

2 Städtlespaziergang Endingen

ZAUBERHAFTE WEGE DURCH DIE GÄSSLE

Endingen am Kaiserstuhl punktet allemal mit seiner historischen Altstadt, mit romantischen Winkeln, Gässchen und Plätzen, mit Stadttor und Brunnen. Hier erlebt man längst vergessene Zeiten, ohne dabei auf das moderne Stadtflair und Stadtleben verzichten zu müssen. Und Endingen bietet eine Vielzahl außergewöhnlicher Veranstaltungen im Jahreskreislauf.

Das besondere Flair im Zentrum Endingens liegt wohl an der weitgehend im 16., 17. und 18. Jahrhundert gestalteten Bebauung mit prägendem Fachwerk, wuchtigen Barockbauten mit Mittelrisalit und Rundbögen sowie verspielten Formen des Rokokos. Endingen ist schlichtweg zauberhaft und einer meiner Favoriten am Kaiserstuhl. Viele inhabergeführte Geschäfte finden sich entlang der Straßen mit einem abwechslungsreichen, tollen Angebot. Und das Veranstaltungskonzept mit Lichternacht, Brotmarkt, Büchermarkt, Antikmarkt und vielem mehr sucht seinesgleichen. Bei solchen Events tummeln sich Tausende und Abertausende im Städtle.

Um sich ein eindrucksvolles Bild dieser netten Stadt zu machen, sollte man bewusst einige Sehenswürdigkeiten in Augenschein nehmen. Keine Angst, überall locken Eisdielen, Cafés und Restaurants, in denen man eine gemütliche, stimmungsvolle Pause genießen kann. Und wir bewegen uns auch nur auf kleinem Raum.

Wir starten am besten beim Üsenberger Hof. Schon von Weitem sieht man dieses Schmuckstück im mittelalterlichen Stadtgebiet. Das Ende des 15. Jahrhunderts erbaute zweistöckige Fachwerkhaus mit spätgotischen Fresken ist allemal ein Foto wert. Teile der Originalsubstanz wurden in die Museumsausstellung zum Thema „Vorderösterreich" integriert, die hier ebenfalls zu finden ist. Von hier laufen wir durch ein Gässchen zur Hauptstraße und stoßen am nördlichen Teil des großen Marktplatzes auf das sogenannte Neue Rathaus. Der Platz wird übrigens mittwochs und samstags vom Wochenmarkt bestimmt. Das einstige Haus

Vorderösterreich-Museum im Üsenberger Hof

Krebs, in dem heute ein Teil der Stadtverwaltung untergebracht ist, zählt zu einem der schönsten Barockbauten von Endingen mit wuchtigem Portal und einem Balkon mit kunstgeschmiedetem Balkongeländer. Das 1775 erbaute dreistöckige Wohnhaus wurde als Apotheke, als Rechtsanwaltskanzlei und als Schuhfabrik genutzt. Seit 1936 dient es als Rathaus und beherbergt heute die Stadtkämmerei. Schauen wir von hier Richtung südlichem Marktplatz, steht linker Hand das Alte Rathaus. Im diesem, wieder erbaut 1527, ist das Kaiserstühler Heimatmuseum eingerichtet. Der kostbarste Schatz sind 14 Wappenscheiben (Standesscheiben) von 1528/29 im Bürgersaal. Richtschwert und Folterwerkzeuge erinnern an die Endinger Gerichtsbarkeit, Gerätschaften und Zunftzeichen an die bunt gemischte alte Handwerkerschaft. Tympanon, Glocken, Brunnenstock, Grenzstein, Jokili und vieles mehr sind Zeichen alter Tradition und noch lebendigem Brauchtum. In den beiden Tovarer Stuben finden sich zahlreiche Hinweise auf die Auswanderung von über 400 Menschen in den Jahren 1842/43 nach Venezuela. Und im schaurigen Gewölbekeller kann neben altem Küferwerkzeug eine Sammlung von Weinstein betrachtet werden.

Jetzt stehen wir direkt auf dem Marktplatz, der in der fünften Jahreszeit beim großen Fasnets-Mändigumzug mit Jockili, Stadttier, Galli

Der Endinger Marktplatz

oder Storch ein rot-blau-weißer Mittelpunkt ist. Die Endinger Zunft wurde 1499 erstmals urkundlich erwähnt. Hier in Endingen wird die Tradition nicht nur gepflegt, sondern auch gelebt. Angeführt von der altehrwürdigen Endinger Narrenzunft von 1782 und den zahlreichen kleinen und großen Jokili zieht eine ganze Stadt vereint am Narrenseil. Ein einzigartiges Erlebnis zur fünften Jahreszeit.

Das Kornhaus in Endingen

Mit seinen drei Rathäusern, der Martinskirche , dem Marktplatzbrunnen und dem Marienbrunnen ist der Marktplatz allemal ein kunstgeschichtliches Kleinod. Am höchsten Punkt des Marktplatzes, wiederum linker Hand, steht das seit 1973 als solches genutzte Rathaus. Dieses wurde im Jahr 1617 als Kornhaus mit meisterhaftem Steinmetzschmuck erbaut. Das dreistöckige Haus mit Staffelgiebel wird vom „Laubenmännli" bekrönt. An diesem Gebäude sind spätgotische sowie Renaissance-Stilelemente vereint. Und ganz oben auf dem Dach befindet sich ein Storchennest. Kommt man zur passenden Zeit nach Endingen, kann man die Jungstörche bei ihren Flugversuchen beobachten.

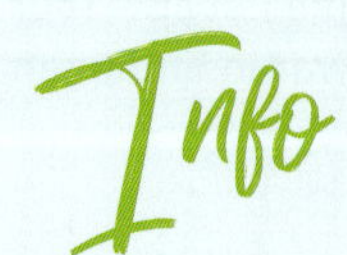

Lage: Endingen am Kaiserstuhl liegt etwa 20 Kilometer nordwestlich von Freiburg im Breisgau.

Stadtrundgang: Üsenberger Hof, Adelshof 20, 79346 Endingen, *terminland.de/Touristinfo-Endingen*

Website: *endingen.de*

3 Escape tour Endingen

RÄTSEL UM „IN CANTATA VINUM“

Rätseln, grübeln, überlegen und am besten in einer Gruppe gemeinsam, dann macht es umso mehr Spaß. Hier dreht sich alles um ein Outdoor-Event – eine Escape-Tour und zwar in Endingen.

Der Rätselrucksack

„In Cantata Vinum“ titelt der Outdoor-Spaß für Einsteiger und Fortgeschrittene Rätselfans. Eine mystische Geschichte gilt es dabei zu lösen: Anna wird der Hexerei bezichtigt und fleht um Hilfe. Auf dem Weg zum Scheiterhaufen übergibt sie an die Spieler eine alte Tasche. Schnell merkt man, dass hier etwas nicht mit rechten Dingen zugeht. Ist das eine echte Hexenjagd oder handelt es sich um einen fatalen Fehler? Die verschiedenen Rätsel sind nichts für schwache Nerven und man hat ein weiteres Problem, nämlich nur zwei Stunden Zeit, das Geheimnis zu lüften, bevor Anna auf dem Scheiterhaufen zu Asche verbrennt. Und Achtung: Es geht auf der Reise durch eine enge, dunkle Höhle.

Das Abenteuer startet am Kiosk am Erleweiher in Endingen. Hier gibt es erst einmal für die Rätselfans per SMS einen Code, mit dem ein Schießfach geöffnet werden kann. Darin befindet sich ein Rucksack mit einem Storybuch, das die Spieler durch das Abenteuer führt. Das Storybuch mit der Geschichte und den einzelnen Rätsel-Fragmenten halte ich in der Hand – und siehe da, es gibt Schilder, die mir den Weg weisen und die bereits selbst ein Rätsel sind. Anhand von Weg-Puzzle-Stücken visuell und in Textform muss ich meine Gehirnwindungen ganz schön anstrengen und ankurbeln. In der Gruppe ist Schwarmwissen gefragt und wird auch gefunden bei Aufgaben, die es zu lösen gilt. Unglaublich ide-

Rätselutensilien

enreich und liebevoll gestaltet zeigt sich der Inhalt des Rucksacks, hochwertige Utensilien, um so Nachhaltigkeit zu gewährleisten und Eselsohren zu vermeiden. Man muss schon ab und zu sein Köpfchen rauchen lassen, gut überlegen, wie des Rätsels Lösung lauten könnte. Teamarbeit ist hierbei einer der Schlüssel, denn es gilt Codes zu knacken und eine ganze Menge Schlösser zu öffnen.

Die Tour führt durch Weinberge und Wald mit schönen Aussichten und klar vorgegebenen Wegen. Dadurch wird die Natur durch die Rätselteams nicht belastet und dennoch erleben die Teilnehmer die einzigartige Landschaft am Kaiserstuhl. Eine dunkle Höhle durch den Weinberg rundet das mystische Abenteuer ab . Die Strecke ist insgesamt 2,75 Kilometer lang und sehr gut begehbar mit moderaten Steigungen auf asphaltierten Wegabschnitten und Feldwegen.

Das schön gestaltete, eindrucksvolle Rätselmaterial für „In Cantata Vinum" wurde bis ins kleinste Detail geplant und anschließend in der hauseigenen We-Escape-Kreativwerkstatt angefertigt. Passend zur Tour durch den Weinberg, erhält man als Teilnehmer eine Flasche Wein eines Kaiserstühler Weingutes. Diese Weinflasche ist übrigens ebenfalls ein Rätselgegenstand. Gutes Schuhwerk, gute Laune und Rätseldrang müssen aber sein, ebenso etwas zu Trinken.

Bei manchem Rätsel muss man schon ein „Käpsele" oder „Fuchs" sein, um darauf zu kommen. Findet man tatsächlich mal keine Möglichkeit für eine Lösung, gibt es eine Notfall-Telefonnummer und auch in der Anleitung eine Hilfe-Seite. Und noch etwas sei verraten: Es gibt auch anderenorts solche Abenteuer, wie beispielsweise in Ihringen auf dem Blankenhornsberg. Wer Escape-Spiele am Wohnzimmertisch mag, der wird dieses Outdoor-Rätsel lieben.

Info

Lage: Endingen am Kaiserstuhl liegt etwa 20 Kilometer nordwestlich von Freiburg im Breisgau.

Adresse: Kiosk am Erleweiher in Endingen, Im Erle 36, 73346 Endingen am Kaiserstuhl

Website: *we-escape.de/kaiserstuhl/in-cantata-vinum*

4 Archäologischer Rundweg Riegel

ES GRÜSSEN DIE RÖMER

Zahlreiche Hinterlassenschaften zeugen noch heute von der Zugehörigkeit des Oberrhein-Gebietes zum Imperium Romanum. Beste Einblicke gibt es hierzu unter anderem in Riegel.

Selbstverständlich sind diese Spuren der Römer vielfältig vertreten und so gibt es sogar den Oberrhein Römer-Radweg, der auf einer Strecke von 140 Kilometern zwischen Grenzach-Wyhlen und Riegel am Kaiserstuhl verläuft. Wir schauen uns den Archäologischen Rundweg und die besonderen Überbleibsel hier am Kaiserstuhl an. Und, versprochen, der Trip in die Vergangenheit ist überaus spannend.

Größte Bedeutung hatte Riegel in römischer Zeit im 1. bis 3. Jahrhundert n. Chr. Die Römer legten zunächst Kastelle an, daraus entwickelte sich später eine Kleinstadt mit großen öffentlichen Bauten, die Verwaltungszentrum für die ganze Region war. Im früheren Mittelalter (7. bis 10. Jahrhundert) gab es in Riegel einen königlichen Wirtschaftshof mit früher Kirche, der Mittelpunkt eines Fiskalbezirks war. Hier mussten zahlreiche Dörfer der Umgebung ihre Abgaben entrichten.

Das Symbol des Rundwegs

Start und Ziel des Rundwegs ist die Römerhalle. Hier am fundreichen „Fronhofbuck"-Areal kann man sich gleich mittels mehrerer Info-Tafeln zu verschiedenen Themen informieren: „Keltische Siedlung und Goldmünzschatz" als eine der ersten in Baden-Württemberg, „Römische Keller im Nordvicus", „Römischer Ziehbrunnen" und auch „Der Fronbuck im Mittelalter" mit den Spuren eines königlichen Wirtschaftshofs. Von hier geht es weiter zur Ecke Kapellenstraße und Wilhelm-Meyer-Straße. Das virtuelle Zeugnis für das römische Militär in Riegel mit dem „Westtor Lager I" steht hier. Absolut sehenswert ist die nächste Station an der Üsenbergstraße mit dem „Mithräum Riegel". Der Mithras-Tempel wurde 1974 als Ruine eines römischen Heilig-

Kaiser Vespasian

Ziehbrunnen

tums freigelegt. Die römischen Soldaten verehrten den Lichtgott Mithras, der unbesiegbar wie die Sonne und deshalb auch der Lieblingsgott der Soldaten war. Zur Zeitwende war der Mithras-Kult im römischen Reich so weit verbreitet, dass man durchaus von einer Religion sprechen kann. Der Höhepunkt des kleinen Rundspaziergangs ist an der Hauptstraße 50, die „Römischen Basilika" – das zentrale öffentliche Gebäude der Römerstadt in virtueller Rekonstruktion.

Sichtbares Zeichen der geschichtlichen Bedeutung Riegels sind einmalige und seltene Fundstücke. Der Geschichtsverein Riegel e. V. ist Träger des Archäologischen Museums. Das ist übrigens ausgezeichnet mit dem Archäologiepreis Baden-Württemberg. Neben rund 300 Ausgrabungsfunden wird anhand von Schaubildern und Rekonstruktionen das Leben der Römer eindrucksvoll aufgezeigt. Überaus spannend sind dabei gerade die alltäglichen Dinge, wie der Tagesablauf und die Zubereitung der Mahlzeiten. Aber das absolute Glanzstück ist das Modell der römischen Basilika im Maßstab 1:25. Überraschend für die Besucher: In die Basilika kann man eintreten und das wiederum bringt einen plastischen Eindruck von der monumentalen Bauweise dieses Gebäudes.

Mithras Tempel

Lage: Riegel liegt etwa 20 Kilometer nordwestlich von Freiburg im Breisgau.

Adresse: Römerhalle, Forchheimerstraße 11, 79359 Riegel am Kaiserstuhl

Website: *gemeinde-riegel.de*

HINWEIS: Der archäologische Rundweg führt zu zentralen Punkten der römischen Ortsgeschichte und insbesondere zur Freilichtanlage „Mithras Tempel". 13 Text- und Bildtafeln erklären die wichtigsten Fundstellen der Keltenzeit, Römerzeit und des frühen Mittelalters. Die Gehzeit für den gesamten Weg mit allen 13 Informations-Tafeln beträgt etwa 20 Minuten. Durch eine fortlaufende Nummerierung kann man jederzeit an allen Standorten einsteigen. Der eigentliche Beginn und das Ende des Archäologischen Rundweges ist die Römerhalle. Das „Hippokampus-Logo" weist den Weg. Führungen gibt es auf Nachfrage , Tel. 07642 90440

5 Kirschendorf Königschaffhausen

DIE „SCHWARZE KÖNIGIN" HAT DAS SAGEN

Was stellt man sich nun unter einem Kirschendorf vor? Die Tradition des Kirschenanbaus sowie deren Weiterverarbeitung prägen den zur Stadt Endingen zählenden Ortsteil Königschaffhausen. Hier sieht man noch überall die „Chriese", wie man die Kirsche am Kaiserstuhl nennt. Der Anbau, die Ernte und die Vermarktung der Kirschen war eine wesentliche Einnahmequelle für viele Königschaffhauser Bürger. Mit diesem Markt rund um die kleinen Früchtchen war auch das Handwerk eng mit den Kirschen verbunden. Die Korbmacher sorgten einst für die Transportkörbe und die Leitermacher mussten die zum Teil über 20 Sprossen langen Leitern bauen. Unfälle zur Kirschenzeit waren und sind keine Seltenheit, denn schnell purzelt man mal die Leiter hinab. So war es kein Wunder, dass einst zur Kirschenernte die Schule ausfiel, das Vereinsleben zum Erliegen kam, denn jeder musste mit zu den Kirschbäumen, um die reifen Kirschen zu pflücken. Wenn dann ein Kirschenbauer auf das Altenteil ging, so bekam er einen besonders großen Kirschbaum als eine Art Rente. Diese

Wenn man an den Kaiserstuhl denkt, denkt man zuerst an Reben und gute, sonnenverwöhnte Weine. Das Winzerdorf Königschaffhausen punktet hier allerdings mit einer süßen, prallen roten Frucht und trägt so den Namen „Kirschendorf".

Süße Früchtchen

Prachtexemplare verschwanden leider in den 1960er-Jahren im Zuge der Flurbereinigungen. Und weil es auch nicht einfach ist, auf den hohen Holzleitern die Kirschen zu pflücken, verschwinden die Hochstammkirschen zunehmend aus dem Landschaftsbild und werden durch kleinstämmige Bäume ersetzt.

Blühende Kirschbäume am Wegesrand

Gerade Besucher des Kaiserstuhles und Königschaffhausens erfreuen sich der angebotenen Kirschen am Straßenrand. Aber es gibt natürlich viel mehr Kirschen, als die, die zum sofortigen Verzehr angeboten werden. Ob in Marmeladen oder Joghurts oder im Hochprozentigen, dem beliebten Kirschwasser – die Kirsche in ihren vielen verschiedenen Sorten hat hier ihr Dasein. In den weiten Gärten der Ebene gedeihen die berühmten schwarzen Kirschen. Königschaffhausen ist eine der größten Kirschengemeinden Badens. Wer die Kirschenblütenzeit im Umkreis der Stadt erlebt hat, wird den einzigartigen Eindruck der schneeweißen Blütenpracht sicherlich nicht so schnell vergessen.

Und das ist für das rund 1400 Einwohner zählende Winzerdorf bei Weitem nicht alles. Hier wird jedes Jahr im Frühjahr das Kaiserstühler Kirschenfest gefeiert. Traditionell werden zu Ehren der süßen tiefschwarzen Sorte „Schwarze Königin" die Kaiserstühler Kirschenkönigin und ihre zwei Prinzessinnen gewählt. Den Auftakt des Festes bildet ein kleiner Festzug, in dem die amtierenden Kirschenhoheiten, selbstverständlich bestückt mit ihren Krönchen, zum Festplatz geleitet werden. Dort danken sie in einer feierlichen Zeremonie ab. Dann präsentieren sich die neuen Kandidatinnen dem Publikum und ein jeder, der eine Eintrittskarte gekauft hat, darf mit abstimmen.

Für weitere tiefe Einblicke kann man das Kirschenmuseum besuchen. Auf über 100 Quadratmetern findet sich eine wahre Fundgrube an Gegenständen rund um die Kirsche. Es fehlt dabei nicht an Einblicken in die Fertigkeiten der Körbemacher oder der Leitermacher. Ebenso wird die Vielfältigkeit des Produktes Kirsche vermittelt. Kirschen als Grundlage für Dörrobst, als Einmachware, frisch für Torten und leckeren Kuchen oder als Grundstoff für das geschmackvolle Königschaffhauser Kirschwasser. Anhand von Bildern und Dokumenten wird die historische Bedeutung des Kirschenanbaus für den Ort Königschaffhausen deutlich gemacht.

Wenn man nun schon einmal in Königschaffhausen ist, stolpert man schnell über das Kirschencafé. Dieses Hofcafé der Familie Schmidt wurde 2010 gebaut. Es befindet sich auf dem Obst- und Winzerhof inmitten in der Natur. Bei einem leckeren Stück Torte oder Kuchen – viele selbstverständlich mit Kirschen gefertigt wie die „Himmlische Torte" mit Biskuit und Kirsche –, lässt man es sich gutgehen. Die selbst gebackenen herrlich duftenden Kuchen und liebevoll dekorierten Torten laden in der Tat zum Schlemmen ein, dazu ein cremiger Cappuccino oder ein Kirschen-Secco und

Gaumenfreunden im Kirschencafé

die Welt stimmt. Und zwischen den Obstbäumen liegt zudem ein gemütlicher und komfortabler Wohnmobilgarten mit 40 schön gepflegten Stellplätzen. Die unverwechselbare Lage direkt am Kaiserstühler Radrundweg bietet dabei einen tollen Ausgangspunkt für verschiedene Ausflüge.

Lage: Königschaffhausen gehört zu Endingen am Kaiserstuhl, das etwa drei Kilometer entfernt ist. Endingen am Kaiserstuhl liegt etwa 20 Kilometer nordwestlich von Freiburg im Breisgau.

Website: *endingen.de*

Aktivitäten:

- Kirschenmuseum: Guldenstraße 1A, 79346 Endingen am Kaiserstuhl (Königschaffhausen), *endingen.de/de/tourismus-und-freizeit/Stadtfuehrungen-und-Museen/Museen*

Einkehren:

- Kirschencafé: Königsweg Hof 1, 79346 Endingen am Kaiserstuhl, Tel. 07642 9282845, *kirschenhof-schmidt.de*

6 Kreuzweg Sasbach Kaiserstuhl

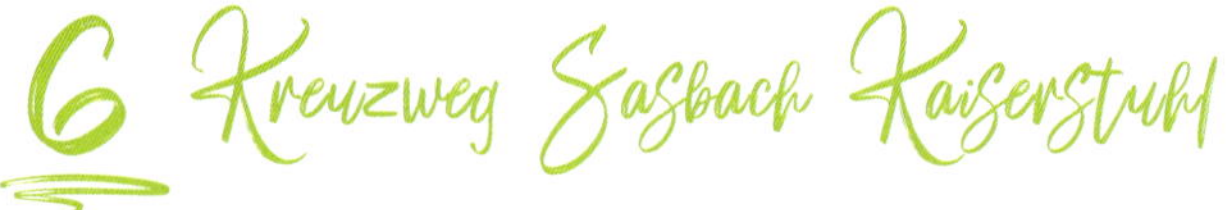

PILGERZIEL SEIT ÜBER 200 JAHREN

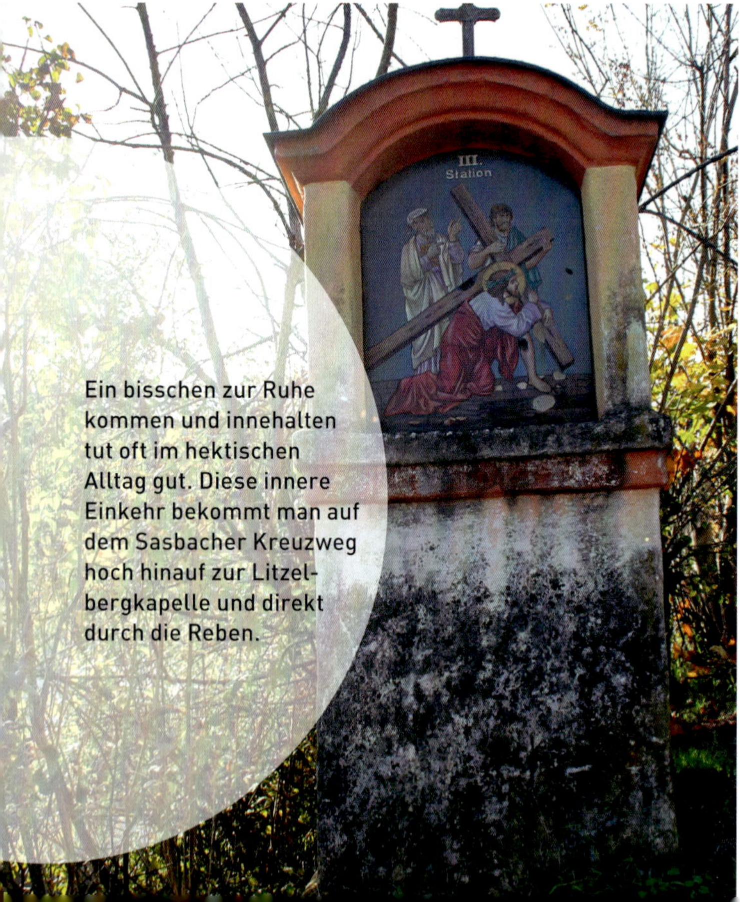

Ein bisschen zur Ruhe kommen und innehalten tut oft im hektischen Alltag gut. Diese innere Einkehr bekommt man auf dem Sasbacher Kreuzweg hoch hinauf zur Litzelbergkapelle und direkt durch die Reben.

Die Litzelbergkapelle

Die Wallfahrtskapelle am Litzelberg wurde im 17. Jahrhundert erbaut. 1752 wurde sie bedeutend vergrößert und erhielt ihr heutiges Aussehen. Herzstück ist die Statue der Schmerzhaften Muttergottes im Hochaltar. Betreut wird die Kapelle von einem Schwesternkonvent vom Orden der Familie Missionaire de Notre Dame. Die Schwestern sind seit 2012 zur Betreuung am Litzelberg. Im April 2008 war das Kirchlein übrigens „Kirche des Monats" des Erzbistums Freiburg.

Da die Litzelbergkapelle an dem gekennzeichneten Jakobsweg nach Santiago de Compostella – über Frankreich nach Spanien – liegt, sind schon seit über 200 Jahren Pilger in diese kleine Kapelle gekommen, um hier zu beten.

Geht man zu Fuß, geschieht dies am besten über den steilen und holprigen Kreuzweg, der im Wohngebiet „Weingarten" beginnt. Er soll Gläubige an das Leiden Christi erinnern. Daran, dass Jesus ihnen durch seinen Tod das Leben geschenkt hat. Der Kreuzweg erzählt die Leidensgeschichte von Jesus kurz vor seinem Tod am Kreuz. Pfarrer Dr. Hermann Relfus ließ 1885 14 Kreuzwegstationen errichten, die zur Litzelbergkapelle hinaufgeleiten. Der Weg ist

Eine der 14 Kreuzwegstationen

recht mühsam, mit einem Kinderwagen oder Rollator fast unmöglich, aber es gibt auch die asphaltierte Variante zur Kapelle, dann ohne die bebilderten Stationen.

Nach der Legende, so ist nachzulesen, sollen fromme Männer in schwerer Notzeit das Gnadenbild der Schmerzhaften Muttergottes nach Sasbach geholt haben. Sie trugen das Bildnis bis auf den Litzelberg und vermochten dort nicht mehr, es von der Stelle zu bewegen. Deshalb bauten sie für die Muttergottes eine einfache Kapelle. 1667 ersetzte der Sasbacher Ortsherr Hannibal von Girardi die alte Wallfahrtsstätte durch einen Neubau. Somit gehörte ihm die Kapelle, die von keiner Pfarrkirche abhängig war. Der Ortsherr stiftete eine Kaplanei zur Betreuung der Pilger. Ein Eremit pflegte als Mesner das Heiligtum und konnte in dem rechtwinklig an den Chorbau angesetzten Bruderhaus unterkommen. Der Eckstein am Hauptportal zeugt mit der Jahreszahl 1752 noch heute davon, dass die Kapelle verlängert und instandgesetzt wurde. Von 1787 an und während des ersten Viertels des 19. Jahrhunderts drohte der Litzelbergkapelle von der vorderösterreichischen Regierung und der Kirchenbehörde sowie nachfolgend vom neuen Großherzogtum Baden anhaltend große Gefahr. Die Instanzen wollten die Wallfahrt aufheben, das Gnadenbild in die Sasbacher Pfarrkirche übertragen, die Wallfahrtskapelle abbrechen lassen und den Kapellenfond der Pfarrei übereignen. Erst ein Gesuch an den Großherzog Ludwig persönlich brachte 1819 die Rettung der Litzelbergkapelle. 1851 verzichtete die Familie von Girardi auf ihr Eigentum an der Kapelle und dem Bruderhaus und überließ beides dem Kapellenfond. 1871 pflanzten Heimkehrer aus dem Deutsch-Französischen Krieg die große Linde vor der Kapelle, um die heute eine Sitzbank zum Verweilen einlädt. Schattenspendend ist das eine Wohltat nach dem Aufstieg in den Sommermonaten. Das überaus mächtige, über dem Chorbereich dreifach abgewalmte Satteldach vermittelt in seiner Erscheinung den Eindruck der Geborgenheit. Aus der Zwiebelform der Dachreiterhaube sprießt das Kreuz als Zeichen des christlichen Osterglaubens und der Auferstehungserwartung hervor.

Der Kapelleninnenraum

Die Litzelbergkapelle entspricht dem traditionellen Typus barocker Dorfkirchen. Wertvollstes Erbe der Litzelbergkapelle sind die Altäre. Als Nebenaltäre blieben Altarbauten erhalten, die aufgrund ihrer stilistischen Eigenheiten noch aus der Entstehungszeit der Wallfahrtskapelle unter Hannibal von Girardi herstammen. Das Patrozinium am Litzelberg, besser gesagt das Fest der Schmerzhaften Mutter Gottes, wird jedes Jahr am 16. September feierlich begangen.

Info

Lage: Sasbach am Kaiserstuhl liegt etwa 30 Kilometer nordwestlich von Freiburg im Breisgau.

Adresse: Lützelberg 1, 79361 Sasbach am Kaiserstuhl, Tel. 07642 1445

Website: *am-litzelberg.de*

PEEPSHOW FÜR EIN PLOPP

Schon einmal einen Gedanken daran verschwendet, wie man eine Weinflasche mit Naturkork verschlossen öffnen kann ohne das richtige Werkzeug? Das ist kompliziert und nicht stilecht. Und genau deswegen gibt es eine tolle Erfindung: den Korkenzieher. Elegant, schwungvoll und zuverlässig bekommt man mit diesem Werkzeug den Korken aus dem Flaschenhals heraus. Und dann, macht es „Plopp" – ein tolles Geräusch.

Ein relativ kleines Werkzeug, das man für manche Dinge und in manchen Lebenslagen unbedingt braucht – sonst ist man aufgeschmissen ... Dass es dieses Werkzeug in vielerlei Aufmachungen und Formen gibt, erfährt man in Burkheim im Korkenzieher Museum.

Damit nicht genug, denn mit viel Fantasie und Erfindungsgabe sind im Laufe der Zeit unglaubliche Korkenzieher entstanden: figürliche, mechanische, poppige, filigrane, robuste, erotische, skurrile, witzige, königliche, aber auch ganz einfache und schlichte Modelle. Über 3000 Patente weltweit lassen die Vielfalt der Systeme erahnen. Wer nun neugierig geworden ist, dem kann man nur einen Besuch bei Bernhard Maurer in der Burkheimer Altstadt empfehlen.

Etwa so alt wie der Korkenzieher ist auch das Gebäude, in dem das kleine Museum seine Heimat gefunden hat. Etwas versteckt im Kirchgässle, vorbei an einem idyllischen Innenhof, liegt der Eingang zum Museum.

In einer ehemaligen Scheune entstand hier unter sorgsamer Rücksichtnahme auf gewachsene Gebäudestrukturen das vielleicht kleinste und ungewöhnlichste Museum Deutschlands. Die Sammlung umfasst mehr als 1000 Korkenzieher. Etwa ein Drittel von ihnen sind ständig ausgestellt und lassen die über 350-jährige Geschichte dieser begehrten Sammlerobjekte lebendig werden.

Das wunderbare Korkenziehermuseum

Wie es zu dem interessanten Museum kam? 1995 hat Bernhard Maurer auf einem Flohmarkt am Genfer See seinen ersten Korkenzieher gefunden. Und von da an ließ ihn die Sammelleidenschaft nicht mehr los. Und, versprochen, genauso gerne entführt

er die Besucherinnen und Besucher in die Welt der Korkenzieher und erzählt so allerlei an Anekdoten und Wissenswertes zu diesem Werkzeug.

Plopp! Vor jedem Weingenuss ertönt dieses berühmte, verheißungsvolle Geräusch. Es entsteht, wenn der Korken aus der Flasche gezogen wird. Wenn der Wein geöffnet wird, damit er atmen kann. Wie selbstverständlich halten ihn die meisten Menschen in der Hand, benutzen ihn, ohne weiter darüber nachzudenken. Die einen edel mit feinstem Holzgriff, die anderen praktisch-schlicht, mal mit Hebelarmen dran, mal nur mit Metallspirale. Oder originell wie der Korkenzieher in Bananenform – die Individualität der Gestaltung macht den Reiz des Museums aus. Übrigens gibt es auch einige Objekte, die nicht wirklich jugendfrei sind. In der Peepshow können die Besucher durch die kleinen Löcher gucken

Der Korkenzieher in unterschiedlichen Größen und Formen

und sich die besonders erotischen Korkenzieher anschauen. Allemal einen Ausflug wert ist dieses Museum mit Raritäten aus dem 18. Jahrhundert bis hin zu modernen Designerstücken.

Info

Lage: Burkheim liegt etwa 25 Kilometer nordwestlich von Freiburg im Breisgau.

Adresse: Korkenzieher Museum Kaiserstuhl, Mittelstadt 18, 79235 Vogtsburg-Burkheim, Tel. 07662 947525

Website: *korkenzieher.de*

HINWEIS: Angeschlossen ist im Vordergebäude ein Ladengeschäft, in dem Artikel rund um Küche, Bar und Wein angeboten werden.

8 Kaiserstuhl-Radweg

ATTRAKTIVE STRECKE FÜR RADLER

Kein Zweifel, den wunderschönen Kaiserstuhl mit seiner reizvollen Landschaft kann man auch auf dem Rad erleben. Hier ist der rund 62 Kilometer lange Kaiserstuhl-Radweg die beste Empfehlung.

Eine der attraktivsten Radstrecken der Region führt durch den Kaiserstuhl. Dabei ist es egal, wie der Drahtesel ausgestattet ist: ob Mountainbike, Tourenrad, E-Bike, alter Drahtesel oder mit Kinderanhänger. Auf der 62 Kilometer langen Strecke darf man es sich richtig gut gehen lassen und die herrliche Landschaft genießen – aber ein bisschen strampeln muss man auch. Das Schöne an dieser Tour ist, dass man alle zauberhaften Kaiserstuhl-Orte durchfährt. Zwölf Gemeinden werden erlebbar; überall kann und sollte man anhalten und die eine oder andere Sehenswürdigkeit, das eine oder andere Café, Lokal oder Plätzchen aufsuchen und sich am Leben freuen. Übrigens zählt der Kaiserstuhl-Radweg

Bezaubernde Anblicke während dem Radeln

zu den attraktivsten Radwegen Süddeutschlands. Dabei wird er auch gerne als Genusstour bezeichnet. Ein bisschen Anstrengung ist dabei, aber das hält sich wahrlich in Grenzen. Praktisch ist: Der Kaiserstuhl-Radweg ist ein Rundweg und man kann einfach an verschiedenen Stellen seine Tour beginnen. Gute Einstiegsmöglichkeiten oder Startpunkte sind beispielsweise Gottenheim, Bötzingen, Breisach oder Ihringen. Das liegt unter anderem daran, dass man diese Orte alle vom Freiburger Hauptbahnhof mit der Breisgau-S-Bahn erreichen kann. Man radelt einfach den roten Schildern mit der Aufschrift „KA" hinterher. Dabei ist es egal, in welche Richtung der Rundweg gefahren wird. Beide Fahrtrichtungen sind markiert.

Zehntscheuer von Eichstetten

In Bötzingen fährt man direkt durch den Ort, hinter Eichstetten geht es auf Radwegen weiter. Und so ist die gesamte Tour konzipiert. Die einzelnen Kaiserstuhlorte erreicht man über Fahrrad- oder Landwirtschaftswege, die kaum von Autos befahren werden. Nur innerhalb der Ortschaften teilt man sich mit den Autofahrern die Straße. Da fast jeder Ort eine Winzergenossenschaft besitzt, bietet sich die Möglichkeit auf einen kleinen Probeschluck. Und da man ja nicht die komplette Tour an einem Tag fahren muss, kann man auch jederzeit wieder mit dem Zug zurück an den Ausgangspunkt. Wie der zweite Name „Genusstour" schon beschreibt, geht es hier nicht um sportliche Leistungen und Wettstreit, sondern vielmehr um das Eintauchen in die Landschaft mit allen Facetten des Wohlergehens.

Der Rundweg führt rings um den Kaiserstuhl, wobei die Tour darüber hinaus zudem einen Teil des benachbarten Tunibergs einschließt. Man radelt durch Rheinauenwälder, kommt an den malerischen Winzerdörfern und Kleinstädten vorbei, fährt durch Obstplantagen und Weinberge und erhält wunderbare Ausblicke und Fotomotive von Schwarzwald und den französischen Vogesen.

Einer der attraktivsten Radwege Süddeutschlands

Mein Favorit als Streckenverlauf mit Ausgangspunkt Breisach: Von hier geht es über Burkheim, Sasbach, Königschaffhausen, Endingen, Riegel, Bahlingen, Eichstetten, Bötzingen, Gottenheim, Merdingen und Ihringen zurück nach Breisach. Der Kaiserstuhl-Radweg selbst ist durchgehend beschildert und leicht zu befahren. Der Schwierigkeitsgrad ist leicht, der niedrigste Punkt liegt bei 176 Metern, der höchste Punkt bei 275 Metern. Man braucht für die 62 Kilometer ohne Verweildauer etwa 4,5 Stunden.

Lage: Der Radweg verläuft auf 62 Kilometern durch alle Kaiserstuhl-Orte.

Website: *naturgarten-kaiserstuhl.de/de/kaiserlich-erleben/rad-fahren*

HINWEISE:

- Viele Kaiserstuhlorte sind vom Freiburger Hauptbahnhof mit der Breisgau-S-Bahn zu erreichen. Die Räder können kostenlos (Wochenende und abends) oder für einen kleinen Aufpreis mitgenommen werden; *efa-bw.de*
- Auch Riegel an der Bahnstrecke Basel-Freiburg-Offenburg-Karlsruhe ist ein empfehlenswerter Startpunkt.

9 Kreuz-Post Burkheim

GAUMENFREUDEN UND WELLNESS

Einmal abschalten, die Seele baumeln, sich verwöhnen lassen und kulinarischen Genüssen frönen – in der Kreuz-Post in Burkheim bei Familie Gehr ist all das möglich. Direkt inmitten des Kaiserstuhls bietet das Hotel mit Restaurant und SPA jedwede Startmöglichkeit für verschiedenste Ausflüge in der Region.

Abschalten am Pool

In der Kreuz-Post pflegt der Chef, Reiner Gehr, eine gesunde Selbstverständlichkeit zu den schönen Dingen. In dem mehr als 214 Jahre alten Gasthaus fügen sich Tradition und Moderne als gekonnte Symbiose ineinander.

Ignaz Jäger baute im Jahre 1809 das Gasthaus Kreuz, hier an der markanten Stelle in Burkheim, heute der Stadt Vogtsburg im Kaiserstuhl zugehörend. Woher der Doppelname Kreuz-Post kommt, ist einfach zu erklären: Als nach der Rheinbegradigung 1840/50 die Straße nach Breisach nicht mehr durch Überschwemmungen gefährdet und ein zeitraubender Umweg nicht mehr notwendig war, richtete der Kreuz-Wirt und Gemeinderat Emmanuel Gschwender im Jahr 1850 auch eine Brief- und Postexpedition ein. Somit hatte das Gasthaus seinen Doppelnamen „Kreuz-Post".

Viele Jahrzehnte später beginnt Ernst Gehr 1970 das Haus von Grund auf zu renovieren. In den ehemaligen Posträumen wird die Zunftstube der Bauern und Rebleute eingerichtet. Im Laufe der folgenden Jahre wird stets umgebaut, modernisiert, erweitert. Und zwar zu dem, was die Kreuz-Post heute darstellt – ein Wohlfühlort mit 35 Zimmern, authentisch, regional und mit persönlicher Ansprache. Dass hier der Kaiserstühler Dialekt vorherrscht, begeistert die vielen Gäste. Am Kaiserstuhl ist die Kreuz-Post das erste und einzige Landhotel mit einem Wellnessbereich, der auch von Nicht-Hotelgästen genutzt werden kann. Dazu gibt es unzählige Angebote für Körper, Seele & Geist in Form von Hot Stone, Ganzkörpermassage, Männer-Gesichtsbehandlungen, einem Wein-Wellness-Konzept und so vielem mehr. Saunabereich und Schwimmbad schließen sich hier an. Reiner Gehr ist die inzwischen siebte Generation seit 1809, im Jahr 2000 hat er gemeinsam mit Ehefrau Isabell übernommen. Er erinnert sich noch, dass seine Oma Olga hier einst die Post gestempelt hat.

Stilvolle Zimmer

Wunderbare Leckereien

Gekocht wird in der Kreuz-Post Badisch-Elsässisch. Das hat den Grund, dass die Köchin aus dem Elsass ist, er Küchenmeister aus Baden. Die Menüs vereinen das Beste aus beiden Welten. Isabelle und Reiner Gehr kochen für ihre Gäste am liebsten das, was gerade vor ihrer Haustür gedeiht. In den Gärten des Kaiserstuhls, auf den Feldern des Rheintals und den Weiden des Schwarzwalds finden sie die Zutaten. Kulinarisch genießen kann man hier in der Kreuz-Post zudem wunderbare Erlebnis-Menüs. Wer möchte, kann sich bei der Familie Gehr ein Mountain-E-Bike mit Helm ausleihen und damit die Region erkunden.

Info

Lage: Burkheim gehört zur Stadt Vogtsburg und ist etwa 25 Kilometer nordwestlich von Freiburg im Breisgau.

Adresse: Landstraße 1, 79235 Vogtsburg-Burkheim, Tel. 07662 90910

Website: *hotel-kreuz-post.de*

100 PROZENT KAISERSTUHL IM GLAS

Das Schlagwort seit wenigen Jahren ist „Pino Magma" – eine vollendete Weißwein-Eleganz vom Vulkan. Versprochen wird von fünfzehn teilnehmenden Winzergenossenschaften, Winzerkellern und Weingütern 100 Prozent Kaiserstuhl mit garantierter Herkunft. Dabei handelt es sich um weitere 100-Prozent-Weiß- und Grauburgunder sowie 100-Prozent-Erzeuger-Abfüllung, direkt vom Winzer.

Wer sich hiervon ein Glas einschenkt, der bekommt garantiert 100 Prozent Kaiserstuhl – na, wenn das mal nichts ist.

Pino Magma ist ein neuer Markenwein vom Kaiserstuhl. Dieser Wein soll kein kleiner Bruder des Grauburgunders oder die große Schwester des Weißburgunders sein – nein, hier möchte man einen eigenständigen Wein anbieten und somit die verschiedenen Sortimente, die die Region kennt, bereichern. Der Kaiserstuhl gehört zu den von Natur aus bevorzugten Anbauregionen für die Burgundertrauben. Dies wollen die Akteure mit einer eigenständigen Marke für Genießer erlebbar machen. Im Namen Pino Magma verbinden sich „Pino", stellvertretend für die Grau- und Weißburgunderweine und „Magma" mit Blick auf die vulkanischen Ursprünge des Gebiets. Für die Herstellung und Zulassung gelten dabei strenge Kriterien: Nur weinerzeugende Betriebe, die am Kaiserstuhl Weiß- und Grauburgunderlagen besitzen, dürfen Pino Magma Weine erzeugen. Die Weißwein-Cuvées verbindet die Kraft des Grau- und die Feinheit des Weißburgunders. Im Glas entfaltet sich ein elegant fruchtiger Duft mit würzigen Komponenten. Kräftig frisch ist der mineralische Abgang auf der Zunge. Davon kann man sich bei den 15 mitwirkenden Betrieben überzeugen – gleich schmecken die Weine übrigens nicht, sie ähneln sich. Die Réserve-Weine, die noch höherwertigen Tropfen, liegen im Holz – zu 100 Prozent, wie sollte es bei diesem Produkt anders sein. Die Basisweine, ein paar Euro günstiger zu haben, sollen mit ihrer burgundischen Ausprägung und nur 20 Prozent Holzfasslagerung unkompliziert zu den verschiedensten Gelegenheiten getrunken werden. 2019 gegründet, möchte man einen regionalen Markenwein, der Weltruhm erlangen will, als zukunftsorientierte echte Qualitätsmarke des Kaiserstuhls etablieren. Um sich einen besseren Überblick verschaffen zu können, gibt es sogar Probierpakete mit sechs oder zwölf Flaschen der unterschiedlichen Pino Magma. Na dann, zum Wohl!

Pino Magma zum Probieren

Lage: Vogstburg liegt ca. 22 Kilometer nordwestlich von Freiburg im Breisgau.

Adresse: Pino Magma eG, Bacchusstraße 20, 79235 Vogtsburg-Bischoffingen

Website: *pinomagma.de*

11 Texaspass

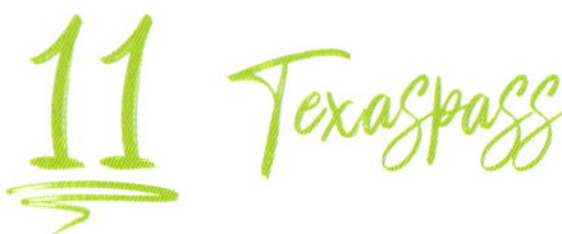

BESTE WEINSICHT 2020

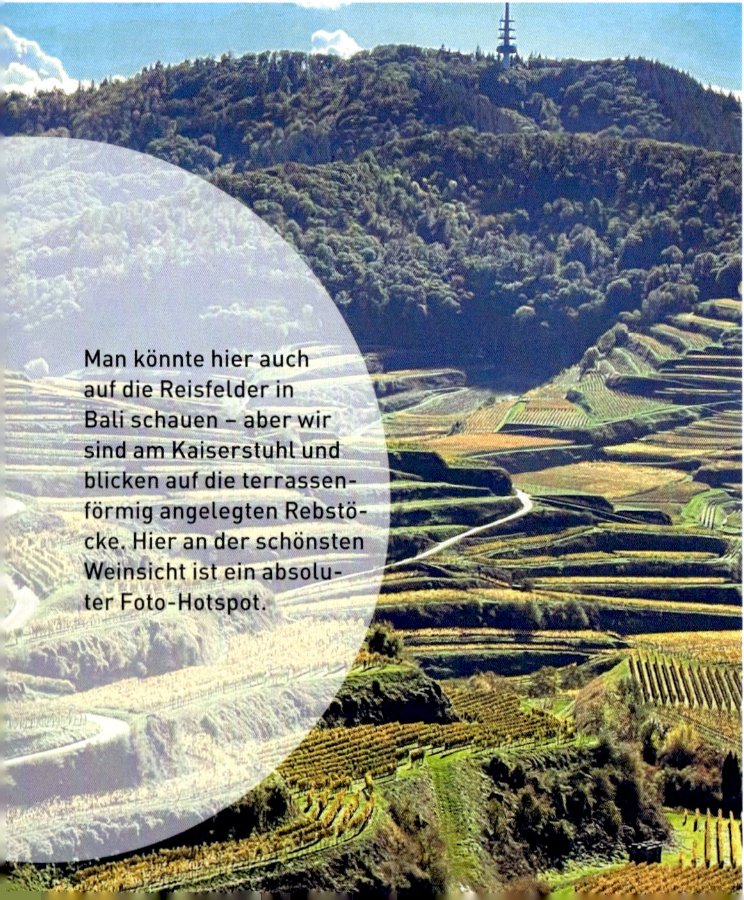

Man könnte hier auch auf die Reisfelder in Bali schauen – aber wir sind am Kaiserstuhl und blicken auf die terrassenförmig angelegten Rebstöcke. Hier an der schönsten Weinsicht ist ein absoluter Foto-Hotspot.

Es ist verständlich, dass sich an diesem Ort die „Schönste Weinsicht 2020" befindet – die Aussicht ist grandios. Auf dem Parkplatz am Texaspass schaut man auf Mischwald und Rebhänge; auf Weinberge, wo die Weinstöcke nach der Flurbereinigung schnurgerade aufgereiht sind und die sich mit alten Rebterrassen abwechseln. Das Tal wird gesäumt von den Weinhängen, die zur Oberbergener Weinlage Bassgeige gehören. In der Ferne erkennbar der Kirchturm St. Mauritius, ebenso im Blick der Totenkopf, die höchste Erhebung des vulkanischen Massivs mit 556 Metern und dem darauf befindlichen Funkmast. Er gilt als Wahrzeichen des Kaiserstuhls. Dieses Panorama ist eines der bekanntesten Badens und das wohl meistfotografierte Motiv des Kaiserstuhles. Die „Schönste Weinsicht 2020" wird dokumentiert durch eine drei Meter hohe Stele, kreiert vom Mainzer Künstler Ulrich Schreiber. Übrigens: Die Passhöhe heißt offizielle „Auf dem Eck" und erhielt den Namen Texaspass aufgrund der wie ein Lasso geschwungenen Straße.

Blick auf Altvogtsburg

Als „Schönste Weinsicht" werden Aussichtspunkte ausgezeichnet, die eindrucksvolle Ausblicke in die deutschen Weinkulturlandschaften garantieren und zudem gut für Wanderer oder per Rad erreichbar sind. Start und Ziel der Wege, die kreuz und quer durch das von Weinbau geprägte Vulkangebirge zum Ausblick am Texaspass führen, ist die Winzergenossenschaft Oberbergen. Von

Traumhafte Aussicht auch bei Kälte

hier geht es 500 Meter die Badbergstraße entlang, bevor man in die Kirchstraße abbiegt. Hier lohnt ein Besuch der St. Mauritius Kirche, deren Kirchturm der Wanderer über fast den gesamten Rundweg nicht aus den Augen verlieren wird. Knapp 100 Meter weiter, biegt man rechts in einen kleinen Fußgängerweg ein. Auf einem dort aufgestellten Wegweiser ist zunächst der Badbergpfad ausgewiesen. Nach nochmals rund 100 Metern ist der zwischen Ort und Rebberg verlaufende Radweg erreicht, der linker Hand mit für den Kaiserstuhl typischen Lössböschungen gesäumt ist. Nach 650 Metern auf dem Radweg führt links auf Höhe der Einmündung Rebenstraße ein steiler Weg in Weinberge. Der etwa 500 Meter lange Anstieg hat es in sich. Aber man wird belohnt, denn es gibt so manches am Wegesrand zu entdecken. In den Lösswänden finden sich bei näherem Betrachten Nistlöcher der Wildbiene. Und wer sich einmal umdreht, bekommt einen ersten Überblick über das Herz des Kaiserstuhls.

Nach rund 45 Minuten Wanderzeit ist der erste Rastplatz erreicht. Unten im Tal liegt die Weinbaugemeinde Oberbergen, am Horizont sind die Vogesen im Elsass zu erkennen. Dann geht es weiter in wunderschönem Laubwald. An einer großen Eiche findet sich ein weiterer Wegweiser. Hier orientiert man sich Richtung Baßgeigenhütte. Ist der Waldrand erreicht, wird der Texaspass überquert. Am Waldsaum steht ein weiterer Genussmoment der 360-Grad-Panoramalandschaft an. An der Baßgeigenhütte angekommen, geht es weiter zum „Rentnerbänkle". Nachdem der größte Teil der Wanderung geschafft ist, kann hier eine Pause eingelegt werden. Danach geht es über die in Schlangenlinien durch die Weinberge führende Straße bergab zurück zur Winzergenossenschaft Oberbergen. Und hier finden sich für jeden Geschmack wunderbare Rebsäfte aus den Weinbergen, die zuvor den Wegesrand säumten.

Info

Lage: Oberbergen liegt etwa 20 Kilometer nordwestlich von Freiburg im Breisgau.

Adresse: Winzergenossenschaft, Badbergstraße 2, 79235 Vogtsburg im Kaiserstuhl

Website: *deutscheweine.de* (hier unter Tourismus, Schönste Weinsichten)

HINWEIS: 7,6 Kilometer Strecke, 2,25 Stunden Gehzeit, Anspruch: mittel

12 Eichelspitzturm

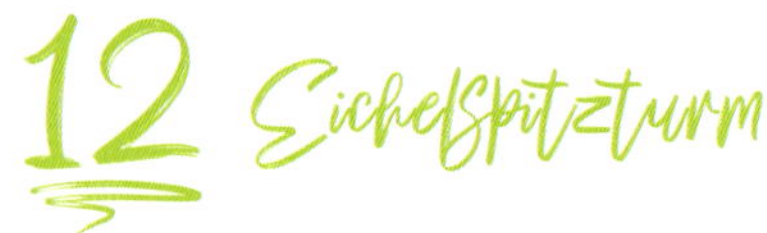

DEM HIMMEL EIN STÜCK NÄHER

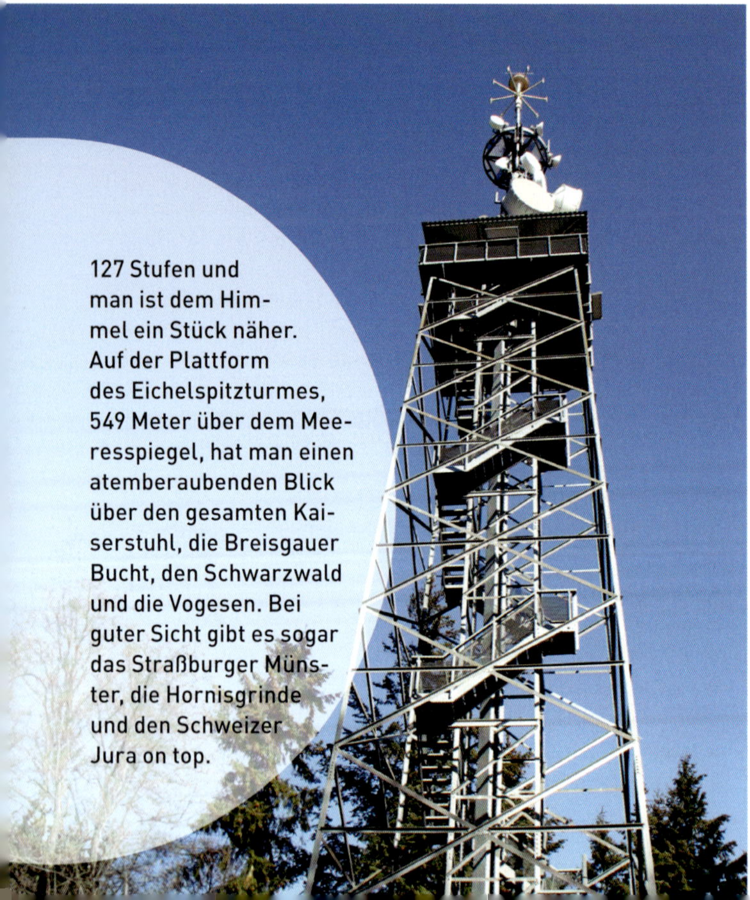

127 Stufen und man ist dem Himmel ein Stück näher. Auf der Plattform des Eichelspitzturmes, 549 Meter über dem Meeresspiegel, hat man einen atemberaubenden Blick über den gesamten Kaiserstuhl, die Breisgauer Bucht, den Schwarzwald und die Vogesen. Bei guter Sicht gibt es sogar das Straßburger Münster, die Hornisgrinde und den Schweizer Jura on top.

Treppensteigen ist bekanntlich gesund und hier wird man gleich noch durch eine beeindruckende Aussicht belohnt. Der Eichelspitzturm ist ein Aussichtsturm, der sich auf dem zweithöchsten Gipfel des Kaiserstuhls, der Eichelspitze, befindet. Der verzinkte Stahlturm hat 127 Stufen, 15 Zwischenpodeste und eine Aussichtsplattform in 28 Meter Höhe. Dieses Ausflugsziel, für Touristen und Einheimische gleichermaßen, wurde auf ganz besondere Art und Weise realisiert. Der Turm ist nämlich ein Gemeinschaftsprojekt der Kaiserstuhlgemeinden Eichstetten, Bötzingen, Vogtsburg und Bahlingen, des Fördervereins Eichelspitzturm e. V., der Firma O2 (Germany) und des Landes Baden-Württemberg. Eingeweiht wurde er im Juli 2006 und erfreut sich seither großer Beliebtheit. Der Förderverein Eichelspitzturm e. V. konnte durch die Unterstützung von Spendern einen Teil der Baukosten abdecken. Dabei wurde sogar der Name des jeweiligen Spenders mit einem Schild auf der Stufe verewigt.

Der Ausblick wird erklärt

Viele wunderbare Strecken führen zum Eichelspitzturm. Der Weg zum Turm ist beispielsweise ab Regio S-Bahnhof Eichstetten ausgeschildert. Hier läuft man etwa fünf Kilometer. Tritt man nach den letzten steilen Metern aus dem Wald heraus, dann überragt der Turm die Waldbäume.

Der Eichelspitzturm von Weitem

Der Ausflug lässt sich auch sehr gut mit einer Rundwanderung verbinden, wenn man dem Geopfad, der in Eichstetten seinen Ausgangspunkt hat, folgt. Der Turm befindet sich dann am höchsten Punkt, wenn man diesen ausgewählt hat. Los geht der 9,4 Kilometer lange Themenpfad beim Samengarten am oberen Ende des Altwegs. An 13 Stationen werden die Wanderer über geologische und geografische Besonderheiten informiert. Neben der Entstehung verschiedener Kaiserstühler Gesteine wie Phonolith, Karbonatit und anderen wird auch der Einfluss früher und jetziger Landwirtschaft auf die Natur erläutert. Auf dieser abwechslungsreichen Wanderstrecke kommt man an alten Steinbrüchen vorbei, darf sich an terrassierten Waldgebieten erfreuen und stößt sogar auf einen 35 Meter langen begehbaren Lössstollen. Dieser wurde im Jahr 1920 von einer Winzerfamilie gegraben, damit ein höher gelegenes Rebgrundstück besser erreicht werden konnte. Und belohnt wird der fleißige Wanderer an der Station „Lösskindel". Denn hier darf man Kalksteine, die man „Lösskindel" nennt, für seinen Garten mitnehmen.

Die Wanderstrecke verläuft größtenteils auf ungeteerten Wegen. Der direkte Rückweg führt nach 2,5 Kilometern wieder an den Ausgangspunkt zurück. An drei Stationen befinden sich Hütten mit überdachter Sitzgelegenheit.

Und noch etwas gibt es zu bestaunen: Neben dem Eichelspitzturm wurden die Fundamente des Bruderhäusles aus dem 14. Jahrhundert sichtbar gemacht, Spuren einer spätmittelalterlichen, aus Küche und Schlafraum bestehenden Eremiten-Einsiedelei, zu der mit St. Erhard einst auch eine Kapelle gehörte. Bei Ausgrabungen vor den Bauarbeiten für den jetzigen Turm wurden Funde zum Alltagsleben der dort einst lebenden Pauliner-Eremiten freigelegt, darunter Ofenkacheln mit Reliefverzierungen, Werkzeuge und Geräte und sogar eine Maultrommel. Diese Fundstücke können im Dorfmuseum in Eichstetten besichtigt werden.

Die Fundamente des Bruderhäusles

Lage: Eichstetten liegt etwa 15 Kilometer nördlich von Freiburg im Breisgau.

Adresse: der Aussichtsturm liegt an der L115, 79356 Eichstetten am Kaiserstuhl

Websites:

- *eichstetten.de*
- *winzerdorf.de/eichstetten/eichelspitzturm/index.html*

HINWEIS: Zum Eichelspitzturm gelangt man auch ab dem „Parkplatz Fohrenbuck". Hier braucht es nur einen etwa ein Kilometer Fußmarsch. Weitere Parkplätze für Wanderungen zum Turm sind bei Bötzingen am Vogelsangpass sowie in Bahlingen auf der Schelinger Höhe (dem Bahlinger Eck) zu finden.

Kaiserstuhl II

Die Friedenstaube inmitten der wunderbaren Landschaft

Kaiserstuhl II

13. Das Liliental bei Ihringen: ein ganz besonderes Kleinod
14. Kaiserstuhlpfad: Qualitätsweg Wanderbares Deutschland
15. Blankenhornsberg Ihringen: Weinlehrpfad mit interessanten Einblicken
16. Naturzentrum Kaiserstuhl: eindrucksvolle Naturbildung in Ihringen
17. Freilichtgalerie Breisach: Kunst für alle
18. Sektkellerei Geldermann: ein prickelndes Vergnügen
19. Biomarkt Rothaus: Natur.Genuss.Pur
20. Kaiserstühler Walnusstorte: Die Walnuss bringt es auf den Punkt
21. Kunst.Natur.Kaiserstuhl: Skulpturen im Dialog mit der Natur

Weisweil
Mackenheim
Kenzingen
5
Mühlbach
Alte Elz
Forchheim
3
Wyhl am Kaiserstuhl
Riegel am Kaiserstuhl
20
Sasbach am Kaiserstuhl
Endingen am Kaiserstuhl
Leiselheim
Großmattenrhein
Canal de drainage des eaux du Rhin
Bahlingen am Kaiserstuhl
Alte Dreisam
Eichstetten am Kaiserstuhl
Oberrotweil
14
13
15
Achkarren-Kreuzmatten
16
Gottenheim
Hugstetten
18
17
Möhlin
Waltershofen
Hochstetten
Merdingen
19
Vieux Rhin / Altrhein
31
Obersaasheim
Niederrimsingen
Geiswasser
3
Möhlin

13 Das Lilietal bei Ihringen

EIN GANZ BESONDERES KLEINOD

Hier ist der Weg das Ziel und ganz so einfach ist dieser nicht – aber versprochen, es lohnt sich allemal das Liliental, das etwa 80 Hektar große Versuchsgelände der Forstlichen Versuchs- und Forschungsanstalt Baden-Württemberg, zu besuchen.

Es ist ein Kleinod am Kaiserstuhl: das Liliental zwischen Ihringen und Wasenweiler. Folgt man der schmalen Straße ins Liliental, erreicht man das ehemalige Gutsverwalterhaus, im Volksmund auch „Kleines Schlössle" genannt, das heutige Gasthaus zur Lilie. Von der ehemaligen Hofanlage, deren Mitte ein alter Brunnen ziert, stehen heute nur noch wenige Gebäude. Teilweise wurden diese in den 1980er-Jahren renoviert. Im früheren Haupthaus, dem alten Sitz des Gutsverwalters, befindet sich neben Räumen der Forstverwaltung die Wandergaststätte „Zur Lilie". Hier ist der Ausgangspunkt für schöne Wanderungen und hier gibt es für die kleinen Besucher einen großen Kinderspielplatz zum Entdecken, Verweilen und Austoben.

Man kann einfach darauf losgehen und seinen eigenen Weg finden oder den angebotenen Rundwanderwegen (zwei, drei und 5,5 Kilometer), bei denen es viel zu entdecken gibt, folgen.

Direkt neben der Gaststätte befindet sich der Eingang zum Arboretum, einem Park, der im Stil eines englischen Gartens angelegt ist und mit vielen botanischen Besonderheiten, darunter etwa

Gaststätte „Zur Lilie"

20 wilde Orchideen, aufwarten kann. Damit aber nicht genug, denn das Liliental ist bekannt für seine exotischen und einheimischen Baumarten und Sträucher.

Das Gebiet wurde 1957/58 von der forstlichen Versuchs- und Forschungsanstalt aufgekauft und ist für Naturliebhaber, Ruhesuchende, Familien, Fotografen und viele mehr zu jeder Jahreszeit zugänglich und zu bewundern und bestaunen. Nebenbei kann man aufgrund vieler Hinweistafeln an Bäumen auch noch das eine oder andere lernen.

Heldenhaft große Mammutbäume lassen einen klein und winzig erscheinen – fast wie in einem Märchen. Bäume, die auf einen wirken, einen verzaubern, in Fantasiewelten abdriften lasen. Eine Sammlung aus etwa 350 verschiedenen Baumarten ist hier zu finden. Und überall in diesem wundervollen Park bieten sich Sitzge-

Pause im Liliental

legenheiten und Möglichkeiten zum Innehalten an. Übrigens kann man auch mit dem Kinderwagen auf Tour gehen. Und nach dem Rundweg bietet die Gaststätte „Zur Lilie" ausreichend Auswahl für Getränke und Leckereien.

Ein Wildbienenhotel

Das Gelände rund um den Lilienhof ist übrigens uraltes Siedlungs- und landwirtschaftliches Nutzgebiet. Es wurde bereits im Mittelalter kultiviert, wie Funde alter Rebmesser und Eselshufeisen belegen. Die Forstverwaltung bepflanzte etwa 200 Hektar mit standortgerechten Laubwaldgesellschaften und gab die übrigen 80 Hektar an die Forstliche Versuchs- und Forschungsanstalt ab. Diese nutzt das Gelände seitdem für Forschungszwecke. Und das war die Geburtsstunde des Lilientales, einem unglaublichen Kleinod, das seinesgleichen sucht.

Lage: Das Liliental liegt nördlich von Ihringen und Wasenweiler. Ihrigen liegt etwa 19 Kilometer westlich von Freiburg im Breisgau.

Adressen:

- Liliental, Lilienhof 7, 79241 Ihringen
- Forstliche Versuchs- und Forschungsanstalt, Wonnhaldestraße 4, 79100 Freiburg, Tel. 0761 4018-0

Aktivitäten:

- Führungen: Kontakt und Information Jörg Pflüger, Tel. 07633 8060258

14 Kaiserstuhlpfad

QUALITÄTSWEG WANDERBARES DEUTSCHLAND

Der Kaiserstuhlpfad ist schon mehrfach mit dem Zertifikat „Qualitätsweg Wanderbares Deutschland" ausgezeichnet. Er verläuft durch die einzigartige Landschaft im Naturgarten Kaiserstuhl. Naturbelassene Wege, Lösshohlgassen und Naturschutzgebiete prägen dabei das Bild.

Es braucht Ausdauer für diesen Kaiserstuhlpfad. Wem die 21,7 Kilometer auf einmal zu viel sind, der sollte sich die Strecke ganz einfach in Teilabschnitte aufteilen.

Auf Schusters Rappen durch den Kaiserstuhl ist allemal ein Erlebnis. Es gibt so viel am Wegesrand zu entdecken und dazu wunderbare Panoramasichten ganz umsonst. Wer den Kaiserstuhlpfad auf seinem Tagesplan hat, der begibt sich auf eine einzigartige Entdeckungsreise und erlebt hautnah die wunderbare Landschaft. Auf dieser Nord-Süd-Achse überquert man die Aussichtspunkte Katharinenberg, den Eichelspitzturm und den Neunlindenturm, die eindrucksvolle Ausblicke zum Schwarzwald und den Vogesen erlauben. Auf weitgehend naturbelassenen Wegen führt der Weg durch Weinberge, Laubwälder, Lösshohlgassen und Naturschutzgebiete.

Die Orientierungshilfe

Der erste Wegabschnitt (4,5 Kilometer, etwa 1,25 Stunden Gehzeit) führt von Endingen ab dem Bahnhof durch Endingens Altstadt direkt am Erleweiher vorbei. Durch Mischwald gelangen wir zum ersten Höhepunkt der Etappe, der Katharinenkapelle. Mit gemächlich ansteigenden 310 Höhenmetern haben wir dabei einen idealen Wandereinstieg. Vom Bahlinger Eck aus queren wir die sogenannten historischen Hudenwälder (Waldweide mit Rindern). Hier beginnt das weitläufige Naturschutzgebiet „Badberg". Dieses wird überwiegend durch Trockenwiesen bestimmt, die vor allem im Frühjahr durch ihren Artenreichtum überzeugen. Besonders bekannt ist die berühmte Küchenschelle. Hier lockt die Aussicht vom Eichelspitzturm (sieht Tipp 12).

Nach diesen etwa 3,5 Kilometern wandern wir weiter zum Vogelsangpass. Mit einem steilen Anstieg zum Neunlindenturm ist man bei dieser Wandertour auf dem Höhepunkt angekommen. Dieser

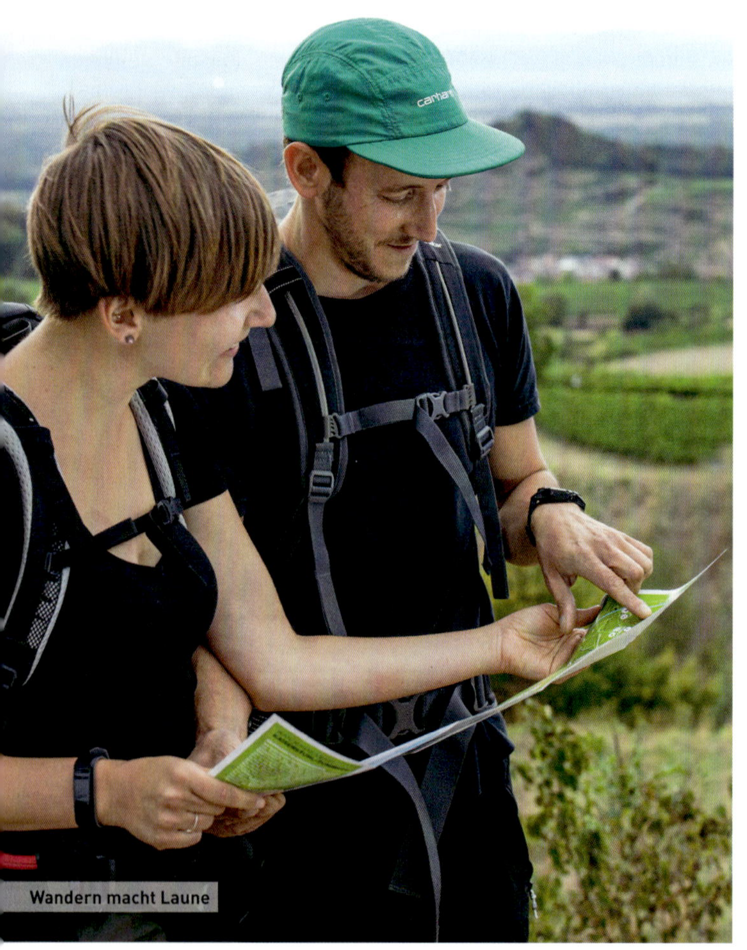

Wandern macht Laune

Streckenabschnitt lag bei 3,2 Kilometern. Jetzt geht es weiter zur höchsten Erhebung des Kaiserstuhls, dem „Totenkopf" in 557 Meter Höhe. Den Namen führt man darauf zurück, dass hier früher einmal Todesurteile vollstreckt wurden.

Nachdem wir den Totenkopf hinter uns gelassen haben, verlassen wir den parallel führenden Neunlindenpfad beim Standort „Adlerhorstsattel"und gelangen nach Vogtsburg-Bickensohl, wo wir uns vom Lösshohlweg „Eichgasse" beeindrucken lassen. Wenn man ganz großes Glück hat, hört und sieht man einen Bienenfresser. Diese bunten Vögel, die in Lössröhren wohnen, kommen aus Afrika und fühlen sich hier am Kaiserstuhl sehr wohl.

Nun liegen weitere 4,8 Kilometer hinter uns und wir machen uns auf zum „Lenzenberg". Wir wandern durch typische kleinterrassierte Weinberge. Der Weg führt zur südlichsten Aussichtskanzel des Kaiserstuhls, bei dem ein herrlicher Panoramablick inbegriffen ist. Über die Lenzberggasse, eine weitere bezaubernde Hohlgasse, die ebenso vom Bienenfresser bewohnt ist, führt der Weg ins Winzerdorf Ihringen. An den Wegkreuzungen findet sich auf den Markierungsschildern des Schwarzwaldvereins ein Hinweis auf den Kaiserstuhlpfad. Zwischen diesen Verzweigungen geben die gelben Rauten die Richtung vor.

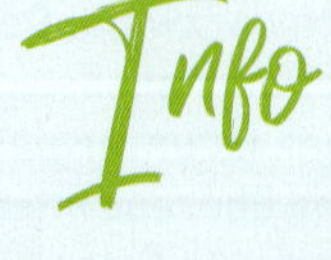

Lage: Der Kaisertuhlpfad liegt nodwestlich von Freiburg im Breisgau.

Adresse: Startpunkt der Tour ist der Bahnhof von Endingen (Carl-Loesch-Straße 4, 79346 Endingen am Kaiserstuhl), der Endpunkt der Tour ist in Ihringen.

Websites:

- *ihringen.de*
- *vogtsburg-im-kaiserstuhl.de*
- *naturgarten-kaiserstuhl.de*

15 Blankenhornsberg Ihringen

WEINLEHRPFAD MIT INTERESSANTEN EINBLICKEN

In einmaliger Lage auf dem Blankenhornsberg in Ihringen befindet sich ein historisches Gutsgebäude mit Panoramaaussicht auf die Vogesen und den Schwarzwald. Der Besuch der dort ansässigen Vinothek ist unvergleichlich und überaus interessant. Perfekte Fotos für Brautpaare oder Verliebte inbegriffen.

Nicht nur der pure, wunderbare Weingenuss steht hier an erster Stelle, man kann auch gemütlich entlang des Professor-Blankenhorn-Weinlehrpfades durch die Lage „Doktorgarten" spazieren und bekommt dabei Einblick in die Welt des Weines.

Die Vinothek Blankenhornsberg

Die Vinothek Blankenhornsberg gehört zum Staatsweingut Freiburg. 1842 gründeten die Brüder Nikolaus, Adolph Friedrich und Jakob Wilhelm Blankenhorn aus dem badischen Müllheim das Weingut. Über zwei Jahre mit zeitweise 200 Arbeitskräften machten sie ein bis dahin ungenutztes, verwildertes Hanggrundstück oberhalb von Ihringen für den Weinbau nutzbar. Mit der ersten Ernte 1847 wurde der noch heute erhaltene Gewölbekeller fertiggestellt. Der Sohn und Neffe Professor Dr. Adolph Blankenhorn war der Mitbegründer der deutschen Weinbauwissenschaften. Er nutzte das Weingut als Versuchsstation für seine weinbaulichen und önologischen Untersuchungen. Er engagierte sich überaus und war 1874 Mitbegründer des badischen und des deutschen Weinbauvereins, dessen erster Präsident er war. Seine Leistungen für die Weinbauwissenschaften und den Berufsstand machten ihn europaweit bekannt. Blankenhorn verstarb 1906, ist aber bis heute hier oben rund um die Vinothek in Ihringen präsent. Nach dem Zweiten Weltkrieg ging das Weingut in den Besitz des Landes Baden-Württemberg über und das Anwesen wurde als Versuchs- und Lehrgut dem Staatlichen Weinbauinstitut Freiburg angegliedert.

Wunderbare Weine finden sich hier

Der Weinlehrpfad

Die Passion rund um den Wein lebt man hier in exponierter Lage und das schmeckt man im Glas. Bevor man es sich auf der Sonnenterrasse der Vinothek gemütlich macht, sollte man unbedingt den etwa halbstündigen, auch für Kinderwagen geeigneten „Professor Blankenhorn Weinlehrpfad“ erlaufen. Rund um den Gutsbetrieb Blankenhornsberg bekommt man auf diesem 2012 angelegten Rundweg interessanten Einblick in die Welt des Weines. An ausgewählten Stationen erfährt man Wissenswertes über die Anfänge des Weingutes und dessen Entwicklung bis hin zu den Merkmalen des heutigen Staatsweingutes. Auf dem Spaziergang durch den Blankenhornsberger Doktorgarten geht es um Informatives über Rebsorten, Weinbau und Klima am Kaiserstuhl sowie viele weitere Besonderheiten rund um das Thema Wein. Ein Rundweg durch die Vergangenheit, Gegenwart und Zukunft des Weinbaus.

In exponierter Lage

Der Blankenhornsberger Doktorgarten liegt an der Südwestspitze des Kaiserstuhls, auf Ihringer Gemarkung, und zählt zu den 100 besten Weinlagen Deutschlands. Er ist als VDP.Große Lage klassifiziert. Diese Spitzenlage wurde im Jahr 1971 nach Professor Doktor Adolph Blankenhorn benannt. Die dunklen Vulkanverwitterungsböden speichern die Wärme wie kein anderer Boden. Zusammen mit dem milden Klima bestehen hervorragende Bedingungen für den Weinbau. Besonders gut gedeihen in dieser Lage die Rebsorten Spät-, Grau- und Weißburgunder sowie Chardonnay, die als VDP.Große Gewächse vermarktet werden. Nur wer über die besten Lagen verfügt, wer im Einklang mit der Natur produziert, wer die Ernteerträge limitiert und wer den Weinen Ruhe zum Reifen gönnt, darf dieses Qualitätssiegel tragen.

Genuss mit Nachhaltigkeit

In der Vinothek sieht man noch etwas für die heutige Zeit sehr Passendes: die grüne Weinbox. Sie bietet Bio-Weine in einer nachhaltigen und innovativen Bag-in-Box-Verpackung an. Während die (Einmal-)Glasflasche ein großer CO_2-Sünder ist, spart man mit der Box 78 Prozent CO_2-Ausssstoß, 66 Prozent Energieverbrauch und 73 Prozent Wasserverbrauch. Und wer diese Ecovin-zertifizierten Bioweine liebt, der darf sich über weitere Vorteile freuen: der Wein bleibt nach Anbruch bis zu zwei Monate frisch, die Box passt in jede Kühlschranktür, ist platzsparend, wiegt halb so viel und ist für jede Outdoor-Aktivität bestens geeignet. Auf den Punkt gebracht: umweltschonend, länger haltbar, handlich, nachhaltig, geht nicht kaputt und praktisch. So empfiehlt es sich, gleich eine grüne Weinbox für den nächsten Ausflug, das nächste Picknick mitzunehmen.

Lage: Ihringen liegt etwa 19 Kilometer westlich von Freiburg im Breisgau.

Adresse: Blankenhornsberg 7, 79241 Ihringen

Website:

- *staatsweingut-freiburg.de*

16 Naturzentrum Kaiserstuhl

EINDRUCKSVOLLE NATURBILDUNG IN IHRINGEN

25 Jahre gibt es nun das Naturzentrum Kaiserstuhl, das gleich neben dem Ihringer Rathaus ansässig ist. Das Jahresprogramm ist vielfältig und interessant und nicht nur Kinder kommen in den Räumlichkeiten voll auf ihre Kosten.

Kaiserstuhl-Geländemodell

Mammutknochen, ein Kaiserstuhl-Geländemodell, „Rebhisli", Schmetterlinge und Mineralien unter dem Mikroskop erkunden, Filme schauen, malen, Weinblätter begutachten und zu den Rebsorten ordnen und so vieles mehr ist hier im Naturzentrum in Ihringen möglich. Wer sich für die Besonderheiten des Kaiserstuhls interessiert, für den ist das eine der ersten Adressen – und nicht nur an einem Regentag. Kinder und Erwachsene können gleichermaßen viel über den Kaiserstuhl und seine Besonderheiten entdecken. Auf einem überdimensionalen Bildschirm werden wunderbare Filme über die Rebterrassen, Lösshohlwege, Fauna und Flora gezeigt. Oder man

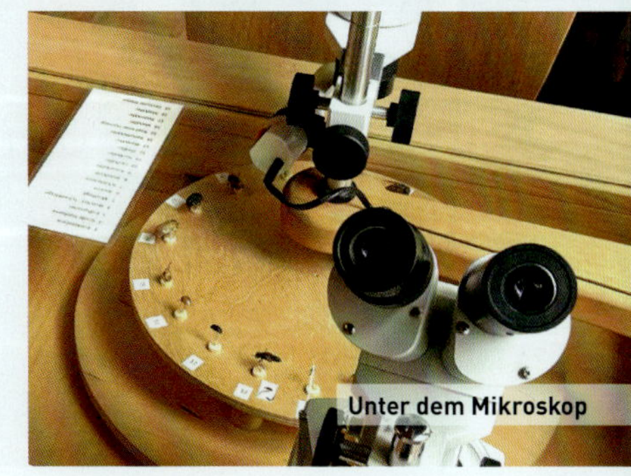
Unter dem Mikroskop

Sasbacher Limburgit

schmökert in einem der vielen Bücher, die ausliegen. Vögel wie Bienenfresser und Wiedehopf trifft man hier ebenso wie die typischen Gesteine des Kaiserstuhles. So den Limburgit, den man beispielsweise in Sasbach auf dem Wissenschaftlichen Lehrpfad finden kann.

Der Kaiserstuhl ist zu jeder Jahreszeit ein lohnendes Ziel und genau hier kommt die zentrale Informationsstelle des Naturzentrums Kaiserstuhl ins Spiel. Getragen vom Schwarzwaldverein, wird es von Reinhold Treiber und einem Team ehrenamtlich geleitet. Es ist beeindruckend, wie viel man über den einstigen

Ein echtes Rebhisli

Vulkan und seine Schönheiten erfahren kann. Neben vielen Plakatwänden steht ein typisches Rebhisli, in das man hineingehen kann. Dort sind es die aus Holz in Szene gesetzten Weinblätter verschiedener Rebsorten, die zum Betrachten einladen. Hier bekommt man auch die Info, dass sich diese netten Rebhütten aus der Landschaft verabschieden. Kaum zu glauben, aber allein in Ihringen gab es ab den 1930er-Jahren vermutlich noch an die 800 bis 1000 Stück, heute sind es vielleicht gerade noch um die 200. Die klassische Kaiserstühler Rebhütte (alemannisch: Rebhitte, Rebhidde oder Rebhisli) nimmt meist nicht mehr als zwei mal zwei Meter Grundfläche ein, ist dabei fast nur mannshoch und mit einem leicht geneigten Flachdach aus Blech gedeckt. Über Regenrinne und Regenfallrohr wird Regenwasser in einer innen gelegenen, unterirdisch gemauerten Zisterne gesammelt. Diese konnte bis zu 1000 Liter Wasser fassen, erfährt man im Naturzentrum. In früheren Zeiten dienten die Rebhütten mit ihrer Zisterne zum Spritzen der Reben gegen den Mehltau, aber auch als Unterstand für die Winzer.

Neben all diesen Informationen locken Ausstellungen zur Natur, geologische und mineralische Exponate, Kulturgeschichte, Weinbau, Fauna und Flora. Und dazu finden rund um den Kaiserstuhl, den Tuniberg und die March wunderbare Veranstaltungen statt. „Blütenzauber und Kräuterduft", „Frühling am Limberg", „Orchideenvielfalt am Kaiserstuhl erleben", „Bienenfresser in der Bötzinger Wohnlandschaft" oder die „Schmetterlinge am Badberg" sind nur einige Beispiele des vielseitigen Programmangebotes.

Info

Lage: Ihringen liegt etwa 19 Kilometer westlich von Freiburg im Breisgau.

Adresse: Bachenstraße 42, 79241 Ihringen, Birgit Sütterlin & Reinhold Treiber, Tel. 07668 710880

Website: *naturzentrum-kaiserstuhl.de*

17 Freilichtgalerie Breisach

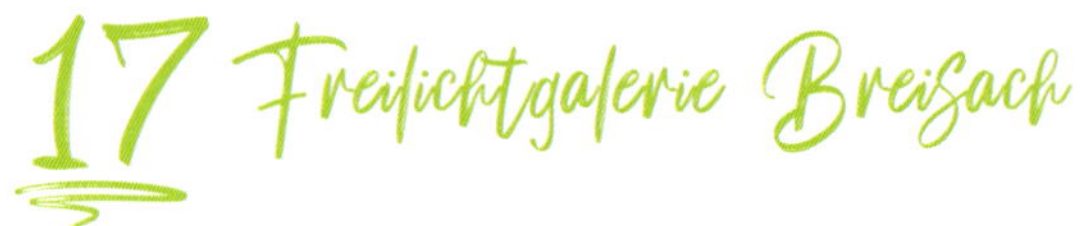

KUNST FÜR ALLE

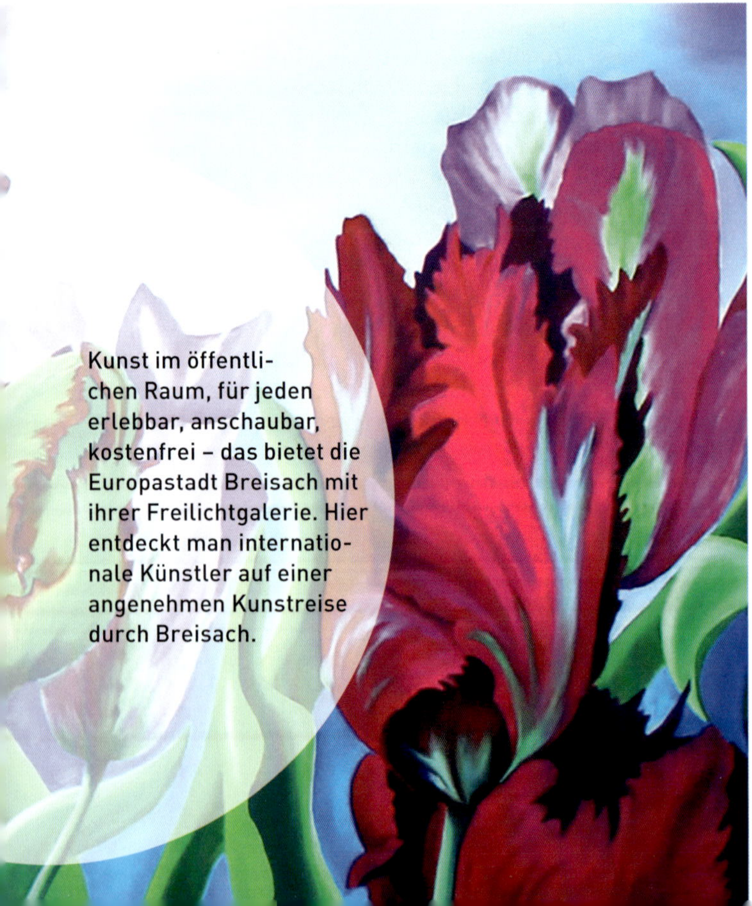

Kunst im öffentlichen Raum, für jeden erlebbar, anschaubar, kostenfrei – das bietet die Europastadt Breisach mit ihrer Freilichtgalerie. Hier entdeckt man internationale Künstler auf einer angenehmen Kunstreise durch Breisach.

Kunst in vielen Gassen

Ein Spaziergang durch Breisach bedeutet, verschiedenen Werken von Künstlern und deren Gedanken und Inspirationen zu begegnen. Kunst unter freiem Himmel in einer Freilichtgalerie – eine Idee, die man bereits aus anderen Ländern und Orten kennt. Ob an privaten Häuserwänden, an Teilen der geschichtsträchtigen Stadtmauern oder an öffentlichen Plätzen, überall präsentiert sich Kunst in Breisach. Regionale und internationale Künstler arbeiten dabei direkt auf eine Alu-Dibond-Platte, die dann auf den Wänden angebracht wird. Dieses Projekt ist nicht zeitlich begrenzt, darf wachsen und weitere Straßen einbeziehen.

Infotafeln

Die Breisacher Künstlerin Marita Brettschneider hatte 2018 diese Idee einer Freilichtgalerie. Nun bietet der inzwischen eröffnete Kunstweg Breisach allen Besuchern eine Gesamterfahrung unterschiedlichster Stilrichtungen. Da hängen witzige, schrille, bunte, surreale, aber auch ernsthaft-düstere Kompositionen aus der Malerei und Fotografie. Auch Skulpturen sind ausgestellt.

Kunst liegt bekanntlich im Auge des Betrachters. Da sieht man großformatig ein Werk mit peppigem Schwarzwaldmädel und Sektglas mit dem Titel „Das Leben ist spritzig" oben in der Nähe des Radbrunnens oder den „Big Tusker", ein großer, alter Elefant in der Kettengasse, oder die Münsterimpression an der Fischer-

Mit Iris verschönert

Kunstwerke an der alten Stadtmauer

gasse. Die Kunst ist so vielfältig, wie wir Menschen auch sind. Das Schöne, sie ist kostenlos zu betrachten und zu jeder Zeit. Bei jedem weiteren Spaziergang entdeckt man andere Facetten der Werke, je nach Stimmung, Wetterlage, Tageszeit. Man kann den Rundweg gehen oder einfach überall in Breisach spazieren, es dauert nicht lange und man stößt auf das eine oder andere Kunstwerk.

Wer seine Kunstreise durch die Stadt nicht allein machen will, etwas Erläuterungen möchte, hat die Möglichkeit, sich einer der geplanten Führungen durch die Stadt anzuschließen.

Lage: Breisach liegt etwa 20 Kilometer westlich von Freiburg im Breisgau.

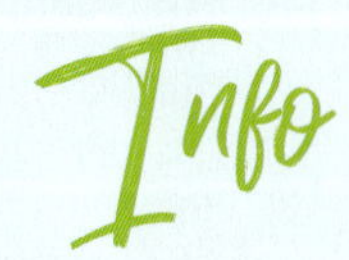

Informationen zu Führungen:
Breisach Touristik, Tel. 07667 940155,
kunstwerk-breisach.de

18 Sektkellerei Geldermann

EIN PRICKELNDES VERGNÜGEN

Prickelnd und moussierend kämpft sich das Kohlendioxid im Glas empor und sorgt für den richtigen Kick, den ein exzellenter Sekt einfach haben muss. Dieser besondere Genuss passt zu jeder Gelegenheit.

Stilvolle Vinothek

Ausgebaute Sekte im Champagnerverfahren, die ausschließlich in Deutschland verkauft werden, findet man in Breisach. Seit der Gründung im Jahr 1838 in der Champagne führt Geldermann die Tradition der Gründerväter Peter Geldermann und seines Sohnes Alfred fort, verbindet Tradition und Moderne. Die traditionelle Flaschengärung bringt als Ergebnis feinsten Premiumsekt, der für charakterstarke Kompositionen und einzigartigen Genuss steht.

Wunderbare Sektmomente

Die Kellerei kann besichtigt werden, am besten informiert wird man im Rahmen einer Führung. Diese werden fast täglich angeboten und bringen neben dem Sektgenuss auch viel Hintergrundwissen. Gestartet wird mit einem ansprechenden Film, der den Zeitgeist der Gründer eingefangen hat. In jeder Flasche, so heißt es da, harmonieren Tradition und Handwerk, um einen authentischen, eleganten und modernen Tropfen zu interpretieren. Grundlage hierfür sind vorwiegend Cuveés mit französischen Weinen und einer Reifezeit von über neun Monaten – meist liegen die Sekte ein bis drei Jahre auf der Hefe. 40 bis 50 Winzer aus Frankreich wurden ausgewählt, die entsprechende Grundlagen für die Geldermann-Sekte liefern können. „Es braucht Zeit der Komposition, Zeit der Reife und Zeit der Vollendung", heißt es.

Mystisch der Sektkeller

Der über 600 Jahre alte Keller unter dem Breisacher Schlossberg bietet optimale Bedingungen für die Sektreife und die Fortführung der Geldermann Sekttradition. Im Gewölbe aus dem 15. Jahrhundert herrscht gedämpftes Licht, denn UV-Strahlen sind schädlich für den Sekt. In den heiligen Hallen, den Reifekellern, ist es konstant 13 Grad kühl. Die Rüttelpulte, für je 120 Flaschen ausgelegt, stehen dicht an dicht. 1813 erfand die Witwe Cliquot zusammen mit ihrem deutschen Kellermeister das Rüttelpult, womit es gelang die Hefe vom Wein zu trennen. Zweimal täglich wird nach einem speziellen Schema gerüttelt und im Laufe des Prozesses setzt sich dann die Hefe ab.

Etwa fünf Millionen Flaschen der edlen Sekte lagern hier. An den Wänden sieht man einen Pilz, der die Feuchtigkeit bindet und sich vom Alkohol ernährt – sehr nützlich für die Lagerung der Sektflaschen. Früher war in diesem Gewölbe übrigens eine Brauerei. Spannende Fakten, geschichtliche Hintergründe, das Herstellungsverfahren an sich – all dies erfährt man bei dem Rundgang auf kompetente und fachkundige Art und Weise. Bei der anschließenden Degustation darf man sich dann davon überzeugen, dass ein Geldermann-Sekt auch den größten Aufwand rechtfertigt.

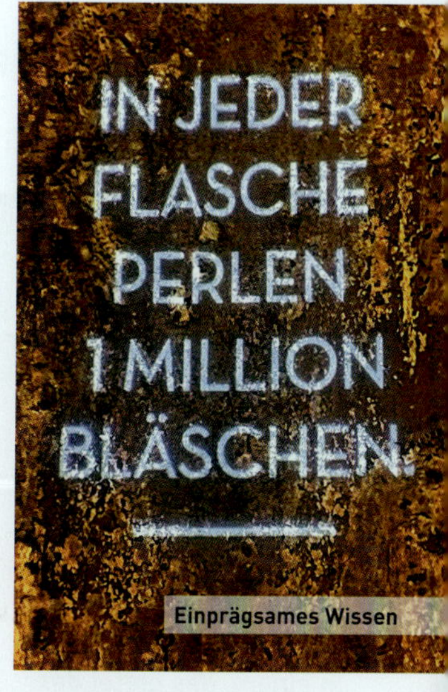

Einprägsames Wissen

Im Januar 2003 wurde Geldermann übrigens von den Rotkäppchen-Mumm Sektkellereien aufgenommen. Das war gleichzeitig der Beginn einer neuen Zeit und die Fortsetzung einer ehrwürdigen Sekttradition unter neuem Dach. Und wer denn nun eine solche Sektflasche, die im Champagnerverfahren hergestellt wurde, öffnet, erfährt zweierlei. Der Korken wurde aus der iberischen Korkeiche hergestellt. Darüber befindet sich die Agraffe, das Metallgestell, das den Sektkorken auf der Sektflasche hält. Diesen muss man immer sechs Mal in eine Richtung drehen, um die Flasche zu öffnen.

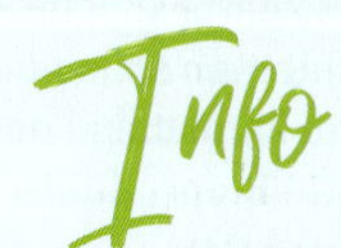

Lage: Breisach liegt etwa 20 Kilometer westlich von Freiburg im Breisgau.

Adresse: Am Schlossberg 1, 79206 Breisach am Rhein

Website: *geldermann.de*

19 Biomarkt Rothaus

NATUR.GENUSS.PUR

Bäckerei, Konditorei, Café, Biomarkt und beste Wohlfühlatmosphäre in einem, das bietet der Biomarkt Rothaus. Ein Ausflug mit dem Fahrrad, vor einem Besuch der Europastadt Breisach, einfach zwischendurch zum Frühstück oder auf ein Stück Kuchen oder herzhafte Quiche – hier fühlt man sich wohl und kann dabei noch tolle Bioprodukte einkaufen.

Gleich vor den Toren der Europastadt Breisach findet sich der Biomarkt Rothaus mit Bäckerei, Konditorei, Café und Biomarkt. Auf dem Gelände eines historischen Gutshofs aus dem 15. Jahrhundert haben Sylvia und Frank Hinterseh ihren Traum verwirklicht. Kernstück war und ist der historische Holzofen, in den sich das Ehepaar 1998 regelrecht verliebte. Sie hängten ihre Förster-Karrieren an den Nagel , begannen mit hochgekrempelten Ärmeln hier eine ganz neue Geschichte, ein neues Kapitel in ihrem Leben zu schreiben. Es wurde probiert, kreiert, getestet, verworfen und immer neu entwickelt, bis im Jahr 2005 auf Biozutaten umgestellt wurde. Heute werden zwischen Müllheim und Denzlingen und in einer Vielzahl von Bioläden in Freiburg die besonderen und ehrlich produzierten Backwaren verkauft.

Bio-Genuss

Auf 270 barrierefreien Quadratmetern beweist die Familie Hinterseh im überaus rustikalen, gemütlich-ansprechenden Ambiente der denkmalgeschützten Marktscheune, dass ein Bio-Vollsortimenter alles bieten kann, was man sich wünscht.

Der Biomarkt

Produkte regionaler Wertschöpfung finden sich hier im Bioladen ebenso wie Bioprodukte bekannter Marken. Das angrenzende Café lädt seit Oktober 2015 zu einer Pause ein. Ich kann hierbei die Frühstücks-Auswahl durchweg empfehlen, denn es ist ein grandioser Genuss, so in den Tag zu starten. 50 Plätze im Innenraum und in gleicher Anzahl auf der Terrasse laden hierzu ein. Der Duft frischer Backwaren, die Theke mit leckeren Torten und Kuchen sowie herzhaften und süßen Leckereien lassen dabei keine Wünsche offen. Kaffeespezialitäten aus fairem Handel werden ergänzt durch zahlreiche Erfrischungsgetränke. Das Selbstbedienungs-Konzept und die Tatsache, dass hier sonn- und feiertags geschlossen ist, tragen zur Work-Life-Balance der Familie Hinterseh und ihren etwa 50 Mitarbeitern bei. Gute Qualitäten, nachhaltig produziert bei fairem Umgang mit den Ressourcen sind das Geheimnis dieses Betriebs.

Perfekte Auswahl

Der Biomarkt Rothaus mit seinem Café ist sicherlich ein Magnet in der Region für eine genussbasierte Wissensvermittlung rund um die Ökologische Land- und Lebensmittelwirtschaft geworden. Der Betrieb ermöglicht überdies im Rahmen seiner Öffentlichkeitsarbeit Kindergarten- und Schulklassen oder einkehrenden Radfahrgruppen Einblicke in einen 100 Prozent ökologisch wirtschaftenden Erzeugungs- und Verarbeitungsbetrieb.

Lage: Breisach liegt etwa 20 Kilometer westlich von Freiburg im Breisgau.

Adresse: Landhof Rothaus 3, 79206 Breisach am Rhein, Tel. 07667 912966

Website: *rothaus-breisach.de*

20 Kaiserstühler Walnusstorte

DIE WALNUSS BRINGT ES AUF DEN PUNKT

Die Kaiserstühler Walnusstorte ist sehr gehaltvoll und man sollte sie eher wie eine Praline genießen und nicht wie ein Stück Kuchen. Die Spezialität des Kaiserstuhls zählt außerdem zur Regionalmarke „Kaiserlich genießen", ein Qualitätszeichen für Dienstleistungen und Produkte aus dem Kaiserstuhl. Die Partner der Markengemeinschaft „Kaiserlich genießen" verpflichten sich, aktiv an der Stärkung der regionalen Wirtschaft und dem Aufbau einer regionalen Erzeuger-Verbraucher-Partnerschaft mitzuarbeiten. Dabei leisten sie einen Beitrag zum Erhalt des einzigartigen Naturraums Kaiserstuhl.

Der Walnussbaum ist am Kaiserstuhl auf jeden Fall ein Charakterbaum. Aus den leckeren Nüssen wird hier die Kaiserstühler Walnusstorte hergestellt.

Bäckermeister Daniel Jenne aus Königschafhausen fertigt die Walnusstorte seit 2017 in seiner Spezialitätenbäckerei, nach dem Originalrezept des Erfinders Werner Weber. „Natürlich backen mit hoher Qualität" ist hierbei die Devise. Das bedeutet für Daniel Jenne hochwertige Zutaten aus dem Naturgarten Kaiserstuhl zu verarbeiten. Nüsse, Weizen, Honig – das gibt es alles am Kaiserstuhl. „Zuvor habe ich

Walnusstorten-Innenleben

nie so einen hochwertigen Mürbteig gebacken", erklärt Daniel Jenne. Und dass die Bio-Zitronen ein ganz anderes Aroma als etwa ein Konzentrat hat, ist sicher. Ein halbes Jahr hat er bei dem Vater der Walnusstorte, Konditormeister Werner Weber, gelernt. Schnell erfuhr er, dass man mit den Rohstoffen nicht geizen darf. Heute werden diese überaus leckeren Köstlichkeiten in die ganze Welt verschickt, auf jeden Kontinent, und sie erfreuen sich überaus großer Beliebtheit.

Ein Vorteil für Daniel Jenne ist, dass er die Walnusstorte nicht nachts backen muss, das geht auch tagsüber. Aber die wunderbare Köstlichkeit braucht viel Hingabe. Mal eine Walnuss knacken ist ein Kinderspiel, auch die zweite und dritte Nuss. Aber 700 Kilogramm? Hier hört der Spaß irgendwann auf. Zudem müssen die Nüsse verlesen werden, weil ja gerne Schalenstücke haften bleiben – und wer beißt schon gerne beim Tortengenuss auf eine harte Schale. Daniel

Handverlesene Walnüsse

Bäckermeister Daniel Jenne

Jenne kauft in der Erntesaison das auf, was der Kaiserstühler Markt bringt und friert die Nüsse ein. Es gab schon Jahre, da war der Ertrag sehr gering aufgrund von Nuss-Krankheiten. Wer jetzt ein Stückchen – pralinengroß – von dieser Kaiserstühler Spezialität auf der Zunge zergehen lässt, wird das noch bewusster tun und daran denken: alles Handarbeit mit Liebe und Herz und ganz vielen guten Zutaten.

Wunderschöne Verpackungen der Torten

Die Torten in verschiedenen Größen (210, 450 oder 650 Gramm) gibt es unter anderem auf dem Freiburger Wochenmarkt und in vielen anderen Verkaufsstellen. Oder online im Shop der Spezialitätenbäckerei.

Und wer es mal selbst versuchen mag, hier das Rezept:

Walnusstorte aus der Kaiserstühler Spezialitätenbäckerei
Menge: 2 Stück

Zutaten für den Boden: 375 g Mehl, 150 g Butter, 150 g Puderzucker, 1 Ei, 1 Eigelb, abgeriebene Zitronenschale, 1 Prise Salz.

Butter und Zucker verrühren, Ei, Eigelb, Salz und Zitronenschale dazugeben und gut vermischen; Mehl hinzufügen, zu einem Teig kneten und eine halbe Stunde kaltstellen.

Zutaten für die Füllung: 250 g Zucker, 250 g Sahne, 25 g Honig, 250 g gehackte Walnusskerne.

Zucker in der Pfanne unter Rühren karamellisieren. Sahne dazu, danach Honig, köcheln lassen, bis es eingedickt ist. Nüsse beigeben, erkalten lassen.

Den Teig vier Millimeter dick ausrollen und vier Kreise ausschneiden. Die Kuchenformen (je 20 Zentimeter Durchmesser) mit Kreisen auslegen, die Füllung hineinlegen und den Rand mit Ei bestreichen. Mit den beiden übrigen Teigplatten abdecken, mit der Gabel Löcher hineinstechen und im vorgeheizten Backofen (E-Herd 175°C/Umluft 150°C) 45 bis 50 Minuten backen.

Info

Lage: Königschaffhausen gehört zu Endingen am Kaiserstuhl, das etwa drei Kilometer entfernt ist. Endingen am Kaiserstuhl liegt etwa 20 Kilometer nordwestlich von Freiburg im Breisgau.

Adresse: Obere Guldenstraße 13,
79346 Endingen-Königschaffhausen

Website: *spezialitaetenbaeckerei-jenne.de*

21 Kunst.Natur.Kaiserstuhl

SKULPTUREN IM DIALOG MIT DER NATUR

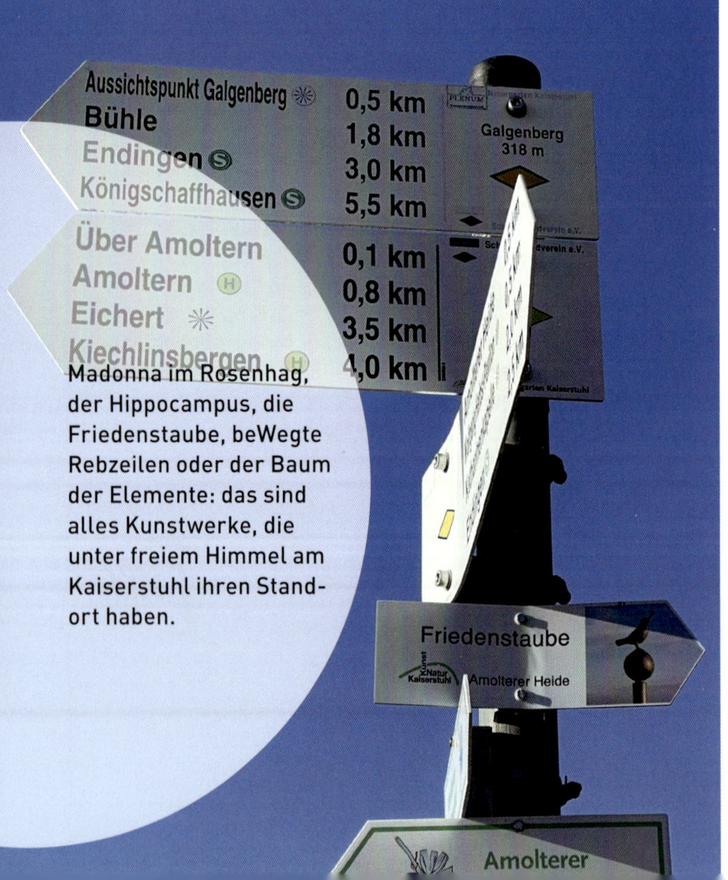

Madonna im Rosenhag, der Hippocampus, die Friedenstaube, beWegte Rebzeilen oder der Baum der Elemente: das sind alles Kunstwerke, die unter freiem Himmel am Kaiserstuhl ihren Standort haben.

Die Narrenkappe findet man in Breisach

Diese Kunst im öffentlichen Raum ist frei zugänglich und erfreut Touristen, Einheimische, Suchende, Neugierige und all jene, die zufällig daran vorbeikommen. Die Kunst in der Natur mutiert zur Marke und ist nicht mehr wegzudenken. Dahinter steht der rührige Verein „Kunst Natur Kaiserstuhl“ und genau dieser hat sich diese wunderbare Idee zur Aufgabe gemacht. Eine Symbiose zwischen Künstlern, die etwas schaffen, und den Betrachtern, die inmitten der Natur darauf stoßen und genau das ist genial.

Der Hippocampus über dem Rhein

Da gibt es beispielsweise den im Jahr 2021 in die Natur gesetzte „Hippocampus“ (Pferdefisch) von Hubert Lang, bereits das zehnte aufgestellte Kunstwerk des Vereins. Von Hubert Lang finden sich in dem Zusammenspiel mit der Natur weitere Werke mit der Friedenstaube bei Endingen-Amoltern und der Madonna im Rosenhag am Vogelturm in Riegel.

Wenn man nicht auf den Zufall hofft, schaut man am besten auf die Website des Vereins und orientiert sich an den dort aufgeführten Koordinaten der jeweiligen Standorte. Viele Kunstwerke sind nämlich gar nicht so leicht zu finden und müssen fast schon gezielt angesteuert werden.

Die Standorte sind exponiert und mit Bedacht ausgewählt, wie die Kunstwerke selbst auch. So steht beispielsweise der oben erwähnte Hippocampus hoch über dem Rhein, direkt in den Reben in Sasbach. Der Pferdefisch ist ein antikes Hybridwesen aus dem Gefolge des römischen Meeresgottes Neptun. Das antike Motiv möchte dabei auf die römische Geschichte der Region und den nahe gelegenen Rhein bei Sasbach hinweisen. Eine Römerstraße führte von Sasbach als antike Brücke über den Rhein zur wichtigen Militärstation Riegel. Der Bronzeguss Hippocampus ist 105 Zentimeter lang und schwebt dabei auf einem 120 Zentimeter hohen Sockel aus Sandstein.

2016 konnte durch den Künstler Pierre Gendron auf dem Kunstacker im Wihltal bei Bahlingen das Kunstwerk „beWegte Rebzeilen" enthüllt werden. Dieses besteht aus 100 weiß gestrichenen Rebpfählen, die alle den Namen ihrer Paten tragen, die das Vorhaben erst ermöglicht haben und somit ein Teil des Kunstwerks geworden sind. Durch die unterschiedlichen Abstände der Pfähle ergibt sich ein Wechselspiel von Geschlossenheit und Offenheit. Die Pfähle, die durch Rebdraht miteinander verbunden sind, werden teilweise schräg gestellt, was einen besonderen Schwung der gesamten Rebzeile erzeugt. Inspiriert durch die Kaiserstühler Reblandschaft interpretiert dieses Kunstwerk die linienförmigen Rebzeilen auf eine neue und unerwartete Weise. Geschwungene Rebzeilen führen den Betrachter auf einem wellenartigen Weg durch die Zeilen und lassen ihn die Weinberge auf spielerische Weise aus einer anderen Sicht erleben.

„Die Wanderer" vom Künstler Andreas Hösch, enthüllt 2014 am Aussichtspunkt „Schöne Aussicht am Vogelsangpass" zeigt bei-

Die „beWegten Rebzeilen“

spielsweise auf, dass die Künstler oft durch die Schönheit eines Ortes inspiriert werden. Mit dieser Skulptur symbolisiert der Künstler des innehaltenden Wanderpaars seine tiefe Verbundenheit zur Natur und der großartigen Landschaft, die sich hier dem Blick öffnet. Und so, wie die Figuren sich miteinander verbinden und der gelbliche Kalkstein die farbige Verbindung zum Löss schafft, verbindet der Vogelsangpass Bötzingen mit Vogtsburg, den „östlichen“ mit dem „inneren“ Kaiserstuhl. Immer weitere Kunstwerke sind in Planung und warten auf die entsprechende Verwirklichung.

Lage: Die Kunstwerke sind im gesamten Kaiserstuhl zu finden.

Website: *kunst-natur-kaiserstuhl.de*

Tuniberg

Kirche St. Peter und Paul in Waltershofen, Start und Ziel vom Panoramaweg

Tuniberg

22. Panoramapfad Waltershofen: beim Bacchus vom Tuniberg
23. Blümchen Opfingen: genussvolle AHA-Momente inbegriffen
24. Erentrudiskapelle Tuniberg: Eine Äbtissin steht für den Namen

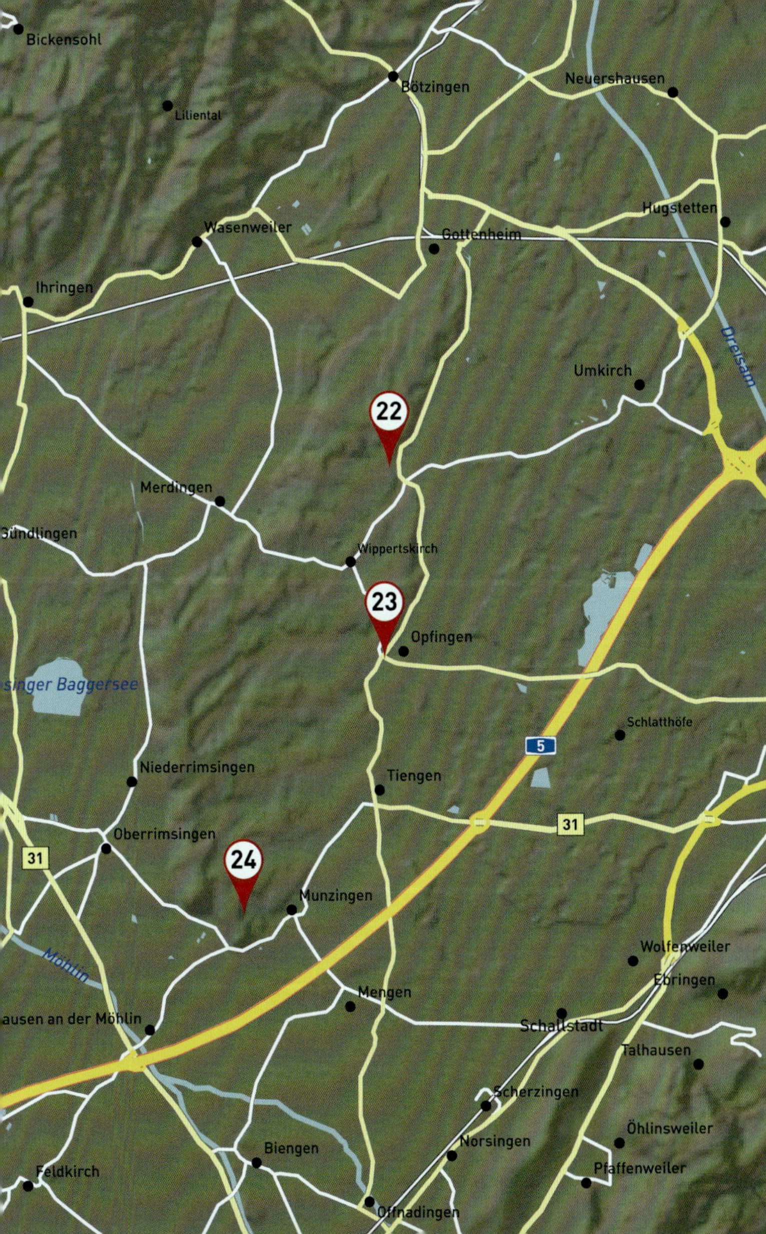
Bickensohl
Bötzingen
Neuershausen
Liliental
Hugstetten
Wasenweiler
Gottenheim
Ihringen
Dreisam
Umkirch
22
Merdingen
Wippertskirch
23
Opfingen
Baggersee
Schlatthöfe
5
Niederrimsingen
Tiengen
31
Oberrimsingen
31
24
Munzingen
Möhlin
Wolfenweiler
Mengen
Ebringen
ausen an der Möhlin
Schallstadt
Talhausen
Scherzingen
Öhlinsweiler
Norsingen
Biengen
Pfaffenweiler
Feldkirch
Offnadingen

22 Panoramapfad Waltershofen

BEIM BACCHUS VOM TUNIBERG

An einer reizvollen Landschaft, schönen Aussichten, interessanten Details und jeder Menge Fotomotive mangelt es auf dem Panoramapfad Waltershofen in keinster Weise.

Der Panoramapfad Waltershofen Wein-Natur-Landschaft bietet die Möglichkeit, anhand von Informationstafeln die Vielfalt der Tuniberg-Landschaft kennenzulernen. Es gibt zahlreiche Ausblicke auf Schwarzwald, Vogesen, Freiburger Bucht und Rheintal. Wer den gesamten Panoramapfad erkunden mag, der hat etwa zehn Kilometer vor sich. Der Pfad ist in eine nördliche (gut vier Kilometer) und eine südliche Schlaufe (knapp sechs Kilometer) gegliedert. Am besten, man nimmt sich den kompletten Rundweg vor.

15 Thementafeln beschäftigen sich mit landschaftlichen Schönheiten und Ökologie-Aspekten. Unter anderem gibt es Erläuterungen zu Steinkauz und Wiedehopf, zum schmetterlings- und wildbienenreichen Trockenrasen der Rebböschungen, zur Geologie von Tuniberg und Oberrheingraben sowie zum Weinbau, der das Landschaftsbild prägt. Am Pfad liegen zudem ein Wildbienenhotel und ein Weinsortengarten. Und man stößt sogar auf den Weingott Bacchus. Hier am ehemaligen Wasserreservoir steht die vom Künstler Thomas Rees geschaffene Skulptur „Bacchus vom Tuniberg".

Das ehemalige Wasserreservoir

Eines ist gewiss, der Pfad geizt nicht mit wechselnden Panoramablicken. Hauptsächlich bewegt man sich auf Wiesenpfaden und Feldwegen, mancherorts unterstützen Treppen bei steileren Böschungen. Für Kinderwagen ist der Weg nicht geeignet. Obwohl man sich vor allen Dingen an den wunderbaren Ausblicken erfreut, sollte man jedoch keineswegs die Böschungsränder außer Acht lassen. Gerade hier am Tuniberg findet sich die Heimat zahlreicher seltener Pflanzen, Reptilien, Insekten und auch Vögel.

Reben mit Ausblick

Das Symbol des Pfades mit der Biene

Unterhalb der katholischen Pfarrkirche St. Peter und Paul steht eine große Übersichtstafel über den Panoramaweg und dessen Verlauf. Nach ein paar Schritten muss man eine Entscheidung treffen: entweder der nördlichen Schleife – immer dem Symbol mit einer Biene nach –, oder der südlichen Schleife mit sechs Kilometern und zwei Bienen zu folgen. Die Strecke ist gut gekennzeichnet, allerdings sind manche Wegweiser an Kreuzungen erst auf den zweiten Blick zu finden.

Der Pfad führt zunächst entlang des Tuniberg-Osthanges mit Ausblicken auf die Freiburger Bucht, dann quer über den Tuniberg nach Westen mit Sicht auf den Kaiserstuhl und weiter Richtung Süden. Beim Standort Waltershofener Rebgarten kann man sich entscheiden, ob man die Nordvariante beendet und wieder Richtung Ortskern Waltershofen geht oder die vollständige Tour mit der Südvariante weiterwandert. Die Südvariante führt entlang des steilen Westabfalls bis oberhalb von Merdingen. Dort warten bei gutem Wetter wunderbare Aussichten auf die Vogesen, das Rheintal, das Markgräflerland und den südlichen Schwarzwald.

Lage: Waltershofen liegt etwa zwölf Kilometer westlich von Freiburg im Breisgau.

Adresse des Ausgangspunkts:
Benleweg 7, 79112 Freiburg-Waltershofen

23 Blümchen Opfingen

GENUSSVOLLE AHA-MOMENTE INBEGRIFFEN

Im „Blümchen" in Opfingen gibt es keine klassische Gasthaus-Küche. Hier werden Tapas angeboten, die sensationell schmecken und zauberhaft kreativ sind – die meisten übrigens vegan.

Möchten Sie mal verschiedene hochwertige und regionale Gerichte bei einem gemütlichen Essen in schönem Ambiente probieren? Dann ist das Blümchen am Tuniberg zu empfehlen. Statt eines deftigen, üppigen Hauptganges bekommt man hier ein Menü bestehend aus einer Vielzahl kleiner, leckerer Gerichte. Diese werden in hübschen Schüsseln serviert und man kann auch beim eigenen Tischnachbarn aus dem Schüsselchen probieren.

Kleine und vielfältige Genussmomente

Regional, frisch und modern wird gekocht und Inhaber Sascha Halweg versichert, dass es für unnötige Zusatzstoffe und Fertigpulver keinen Platz gibt. Bei meinem Besuch probiere ich den karamellisierten Ziegenkäse mit Kürbishummus und rotem Traubenchutney, die geräucherte Entenbrust an Rotkohlsalat mit Marillen-Mandel-chutney als Vorspeisen. Dann folgt mit Maultäschle (Frischkäse-Waldpilz an Wirsing mit Salbeipesto), Orangen-Thymianhähnchen mit Ofengemüse sowie Kalbsbäckchen an weißem Bohnenmousse und Portweinjus der Hauptgang. Damit nicht genug, gibt es noch einen Zwetschgencrumble im Glas. Die Auswahl richtet sich nach der Saison und variiert entsprechend. Die Mehrzahl der Tapas ist glutenfrei, laktosefrei, vegetarisch und vegan.

Lustig sind die Gespräche an den Nachbartischen zu verfolgen, wer denn nun bei wem probieren darf und kann, wer was bestellt. Hierzu gibt es übrigens ab zwei Personen auch ein Tapas-Menü.

Wer sich unsicher mit der Menge der zu bestellende Schälchen ist, kann in der Speisekarte die Formel nachlesen: ein bis zwei Tapas als Vorspeise, drei Tapas als Hauptgang und ein bis zwei als Dessert – alles ganz einfach.

Seit 2019 hat Sascha Halweg auf dieses Konzept, das er mit Herz, Leidenschaft, als Familienbetrieb und mit einem Team umsetzt, umgestellt. Große Gerichte gibt es keine und zudem auch wenig Kurzgebratenes. Abends können dann auch schon einmal 1000 Schälchen an die Gäste gehen, die Auslastung stimmt und in der Küche kann man perfekt vorbereiten. Das muss auch sein, denn die Auswahl ist sehr experimentell und beeindruckend in der Harmonie der zusammengesetzten Zutaten. Hier wählt man Gerichte, die man wahrscheinlich als große Portion gar nicht so ohne Weiteres bestellen würde, weil man sie nicht kennt. Zudem Gerichte, die man daheim wohl nur selten selbst zubereitet.

Dass im „Blümchen" stetig investiert wird und das Ambiente voll punkten kann, ist dem Chef wichtig. Noch wichtiger, dass es neben den Gästen auch dem Personal gutgeht. Wer heutzutage

Wohlfühl-Ambiente

Einrichtung mit Geschmack

bewusster isst, ist hier ebenfalls richtig, denn der ökologische Fußabdruck spielt ebenfalls eine große Rolle. Zero-Waste ist hier ebenso normal, die kleinen Portionen werden gegessen, Doggiepacks braucht es nicht und eine Abfallentsorgung ebenso wenig. Spielerisch wird hier das Thema CO_2 aufgenommen und weitergegeben ohne belehrenden Zeigefinger. Neben dem unschlagbaren Gaumengenuss tut man etwas für die Umwelt – genial.

Etwa 90 Prozent der Rezepte entwickelt der Chef selbst, es wird probiert, gekocht, nach den optimalen Küchenabläufen und den perfekten Produkten geschaut. Seitdem im Blümchen „nur noch" Tapas angeboten werden, haben sich die Gästezahlen verfünffacht.

Lage: Opfingen ist ein Stadtteil von Freiburg, der westlich angrenzt.

Adresse: Unterdorf 2, 79112 Freiburg-Opfingen, Tel. 07664 6123889

Adresse: *bluemchen.restaurant*

24 Erentrudiskapelle Tuniberg

EINE ÄBTISSIN STEHT FÜR DEN NAMEN

Am südöstlichen Ende des Tunibergs steht die Erentrudiskapelle auf dem Kapellenberg hoch über dem Freiburger Ortsteil Munzingen. Und genau auf jenem Kapellenberg soll im 13. Jahrhundert eine Burg der Herren von Staufen mit Kapelle gestanden haben. Hier liegt einer der schönsten Aussichtspunkte des Breisgaus mit Blick in die Freiburger Bucht und das Markgräfler Land. Man kann den steilen Weg als Wanderung oder mit dem Rad nehmen, aber auch mit dem Auto bis kurz vor die Kapelle fahren, dort befinden sich ein Parkplatz und ein Aussichtspunkt.

Von Weitem sichtbar und sozusagen das Wahrzeichen, das Erkennungsmerkmal des Tunibergs ist die Erentrudiskapelle. Die Lage dieser kleinen Kapelle ist schlichtweg einmalig.

Benannt ist die Kapelle nach Erentrudis, der Äbtissin des Benediktinerinnenklosters auf dem Nonnberg bei Salzburg, die um das Jahr 700 n. Chr. lebte. Sie war eine Nichte des heiligen Rupert, des ersten Bischofs von Salzburg, gründete dort das Kloster Nonnberg und starb 718. Der katholische Gedenktag für sie ist der 30. Juni. Im Jahr 1745 bekam die Kapelle eine Reliquie Erentrudis. Grund genug, die seit dem Mittelalter an jener Stelle bezeugten Apolloniuskapelle nun auch „Eren-

Panoramablick

trudiskapelle" zu nennen. Schon im Jahr 1666 wurde die Kapelle erweitert. Als Grund werden die zahlreichen Pilger, die nach dem Dreißigjährigen Krieg zu ihr hinströmten, genannt. 1713 wurde die Kapelle dann als Schutzwall für die Freiburger Festungstruppen zweckentfremdet und schwer beschädigt. Bereits 1714 jedoch begann ein durch Spenden finanzierter Wiederaufbau. Während des 19. Jahrhunderts zerfiel die Kapelle zusehends. Sie wurde 1877 renoviert und 1879 nahm der Freiburg Weihbischof Lothar von Kübel die Altarweihe vor. Der heutige gemalte Flügelaltar stammt von E. Riess aus Freiburg.

Die Erentrudiskapelle am Tuniberg

Lage: Munzingen liegt etwa 14 Kilometer westlich von Freiburg im Breisgau. Von Munzingen sind es etwa zwei Kilometer zur Kapelle.

HINWEIS: Die Kapelle ist unter der Woche abgeschlossen und nur sonntags geöffnet.

Info

Breisgau

Die Elz bei Köndringen im Breisgau

Breisgau

25. Elzwiesen: Eldorado für die Vogelwelt
26. Herbolzheim: auf dem Tabak-Weg
27. Bibelgarten Wagenstadt: Wo Gärten erblühen, wachsen Freundschaften
28. Kenzingen: Einblicke in eine Zunftschmiede
29. Oberrheinische Narrenschau: das ganze Jahr Fasnet
30. Burg Lichteneck: Es war einmal ...
31. Mühlbachrundweg Breisgau: radelnd die Industriegeschichte entdecken
32. Emmendingen im Breisgau: kleiner, charmanter Stadtbummel
33. Elztalmuseum: nostalgische Welt der Orgeln
34. Baumkronenweg Waldkirch: zwischen den Wipfeln des Hugenwaldes
35. Staufen: Bio-Genuss im Obstparadies Geng
36. Stadtspaziergang Staufen: die Perle des Breisgaus
37. Tango- und Bandoneonmuseum: Buenos Aires-Flair in Staufen

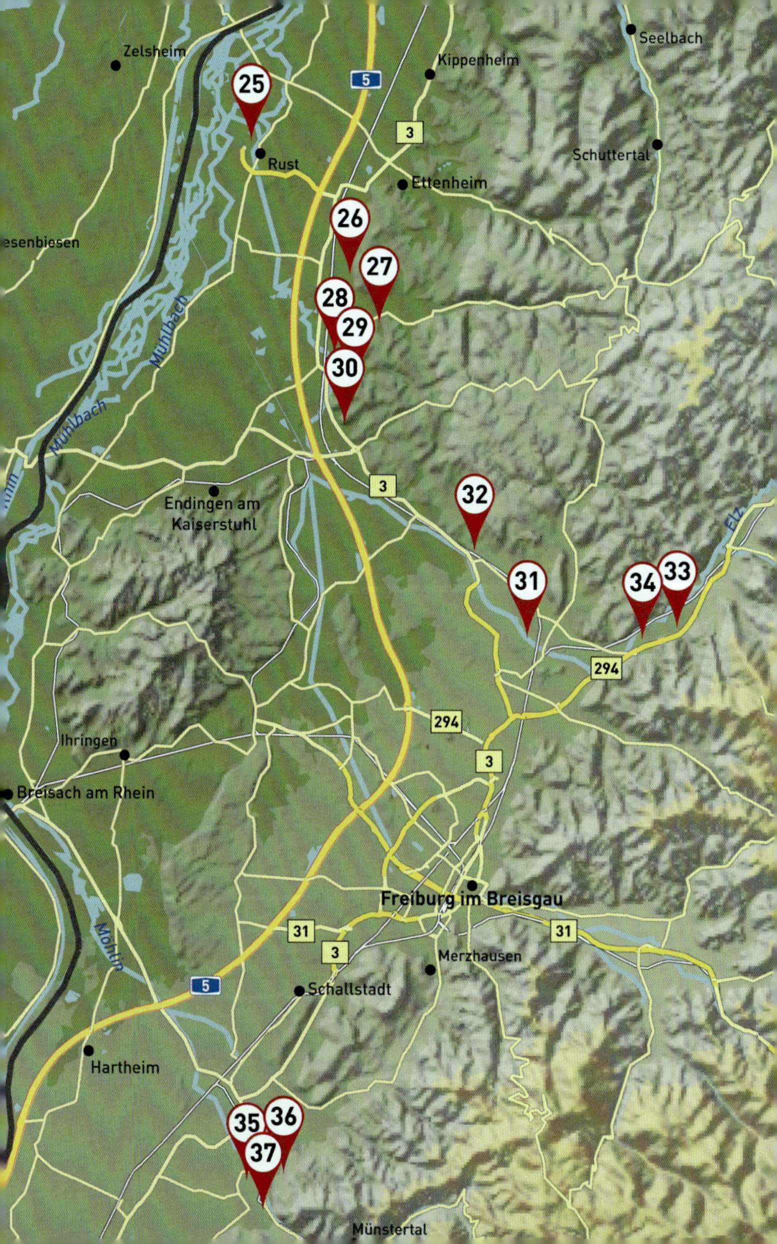
Seelbach
Zelsheim
25
5
Kippenheim
3
Schuttertal
Rust
Ettenheim
26
esenbiesen
27
28
29
Mühlbach
30
Mühlbach
3
32
Endingen am
Kaiserstuhl
Elz
31
34
33
294
294
3
Ihringen
Breisach am Rhein
Freiburg im Breisgau
31
31
3
Merzhausen
Möhlin
5
Schallstadt
Hartheim
35
36
37
Münstertal

25 Elzwiesen

ELDORADO FÜR DIE VOGELWELT

175 verschiedene Vogelarten sind im Natur- und Landschaftsschutzgebiet Elzwiesen in der Offenburger Rheinebene schon gesichtet worden. Vor allem der Große Brachvogel brütet in dem Gebiet, aber auch Kiebitze, Waldwasserläufer und Uferschnepfen. Prägend für die Elzwiesen ist eine alte Bewirtschaftungsform: die Wiesenwässerung.

Die Elzwiesen wurden 1990 mit einer Größe von rund 410 Hektar als Naturschutzgebiet ausgewiesen. Sie befinden sich auf dem Gebiet der Breisgau-Gemeinden Kenzingen und Rheinhausen sowie im angrenzenden Rust. Das Thema „Naturschutz" greift hier vollumfänglich. Hinzu kommt ein als Pufferzone dienendes Landschaftsschutzgebiet mit rund 330 Hektar. Und genau hier leben seltene und gefährdete Tiere, die man, wenn man auf den Wegen bleibt und leise schauend unterwegs ist, auch teilweise sehen kann. Insbesondere der Große Brachvogel und andere sogenannte Wiesenbrüter profitieren von dem Schutzgebiet.

Großer Brachvogel

In den Elzwiesen kann zudem eine alte Bewirtschaftungsform bewundert werden: Die Wiesenwässerung wurde in einer Zeit vor der Verbreitung des Kunstdüngers genutzt und konnte dazu beitragen, Schädlinge auf natürliche Weise zu bekämpfen. Diese Wässerung gilt als sehr arbeitsintensiv. Heute erfolgt die Wiesenwässerung auf den Elzwiesen mit gut erhaltenen und sanierten ursprünglichen wasserbaulichen Anlagen, den Stellfallen. Über diese wird das Wasser für die Wiesen kontrolliert. Dadurch sind sowohl Feuchtflächen, wechselfeuchte Flächen als auch Trockenstandorte in Randlage des Schutzgebietes möglich. Diese unterschiedlichen Flächen sind die Grundlage für eine hohe Biodiversität und unterstreichen die Bedeutung des Schutzgebietes Elzwiesen.

Die Elzwiesen sind eines der letzten großen zusammenhängenden Gebiete mit noch aktiver Wiesenwässerung in Baden-Württemberg. Sofern die Elz ausreichend Wasser führt, wird in den Elzwiesen dreimal im Jahr gewässert: im Frühjahr (März), im Sommer (August) und im Spätherbst (November). Im Südteil des Gebiets ist hierzu die Kenzinger Wiesenwässerungsgenossenschaft verantwortlich.

Geschaffen wurde hier ein Eldorado für die Vogelwelt. Schnell kann man Störche und Reiher sehen, die sich hier augenscheinlich wohlfühlen und das Fußbad im Wasser genießen. In den feuchten Böden können Watvögel mit ihren langen Schnäbeln gut nach Insektenlarven und Würmern suchen. Dadurch sind die Elzwiesen ein wichtiger Rastplatz für Zugvögel in der Oberrheinebene. Die Vögel finden in den Wässerwiesen Futter und können dabei Energiereserven für den kräftezehrenden Weiterflug in ihre Brut- oder Überwinterungsgebiete sammeln. Wenn späte Kälteeinbrüche im März oder Anfang April den Weiterflug verhindern, konzentrieren sich manchmal Hunderte Vögel wie Störche, Kiebitze und Möwen in den Elzwiesen. So etwas zu beobachten ist überaus eindrucksvoll.

Eine der Stellfallen

Viele notwendige Maßnahmen in dem Gebiet werden durch ehrenamtliches Engagement einzelner Mitglieder der Wiesenwässerungsgenossenschaften und des ehrenamtlichen Naturschutzes getragen. Besonnte Gewässerabschnitte sind wichtig für Libellen wie die Helm-Azurjungfer. Ufergehölze müssen daher regelmäßig zurückgeschnitten werden. Auch Wiesenvögel brüten nur in offenen und weitgehend Gehölz freien Landschaften. Die Pflege des über 60 Kilometer langen Grabensystems wird in Zusammenarbeit mit den Wiesenwässerungsgenossenschaften organisiert und durch die Naturschutzverwaltung finanziert. Schmetterlinge, Libellen, die Vogelwelt und vieles mehr sind Naturschönheiten, die hier eine wichtige Oase gefunden haben.

Helm-Azurjungfer

Wer in den Elzwiesen spazieren geht, sollte einige Dinge beachten: auf den Wegen bleiben, keine Abfälle hinterlassen, Hunde an der Leine zu halten, keine Drachen, Drohnen oder Modellflugzeuge steigen zu lassen und selbstverständlich keine der dort lebenden Tiere fangen oder jagen. Das versteht sich alles von selbst, wenn man in diesem besonderen Naturschutzgebiet verweilt und dabei feststellt: Hier wird der Natur wahrlich viel Gutes getan.

Info

Lage: Rust liegt etwa 35 Kilometer nördlich von Freiburg im Breisgau.

Adresse: Naturzentrum Rheinauen, Allmendeweg 5, 77977 Rust.
Tel. 07822 8645-36

Website: *naturzentrum-rheinauen.eu*

HINWEIS: Die Elzdämme dürfen vom 1. März bis 30. Juni nicht betreten werden.

26 Herbolzheim

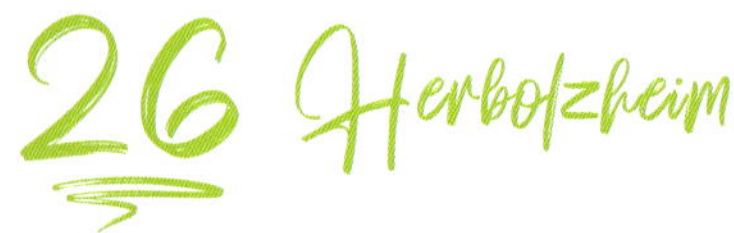

AUF DEM TABAK-WEG

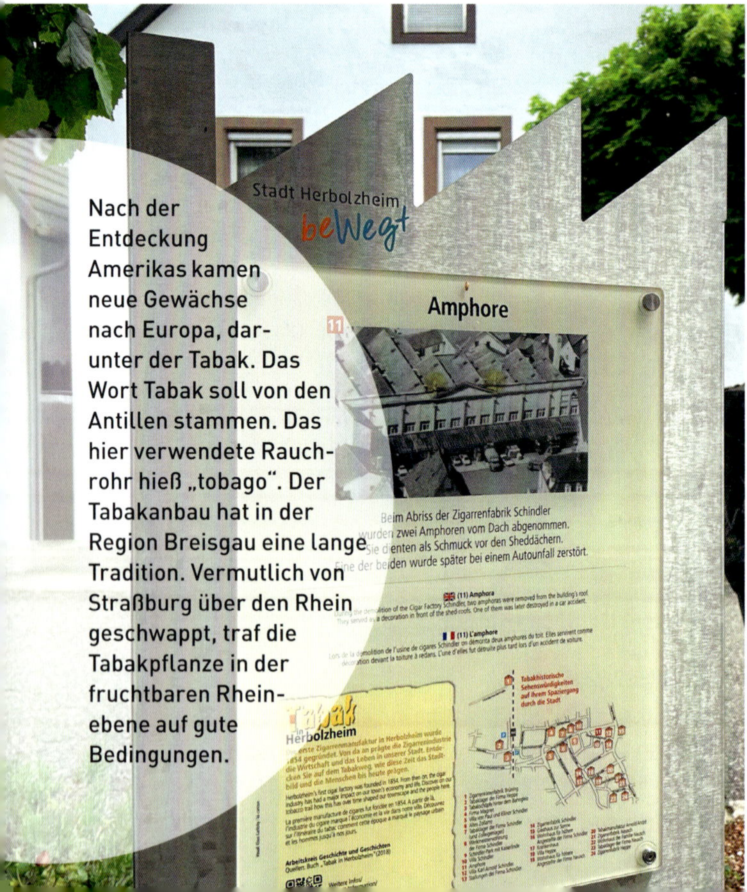

Nach der Entdeckung Amerikas kamen neue Gewächse nach Europa, darunter der Tabak. Das Wort Tabak soll von den Antillen stammen. Das hier verwendete Rauchrohr hieß „tobago“. Der Tabakanbau hat in der Region Breisgau eine lange Tradition. Vermutlich von Straßburg über den Rhein geschwappt, traf die Tabakpflanze in der fruchtbaren Rheinebene auf gute Bedingungen.

In die Geschichte des Tabaks kann man in Herbolzheim eintauchen, denn hier gibt es tatsächlich tabakhistorische Sehenswürdigkeiten auf einem Spaziergang durch die Stadt. Und dieser Weg ist wunderbar beschildert, mit Informationen in drei Sprachen. An 24 Stationen kann man viel Wissenswertes erfahren und dabei auch noch das eine oder andere lernen. Über 150 Jahre hat der Tabak diese Region geprägt.

Die erste Zigarrenmanufaktur in Herbolzheim wurde 1854 von Arnold Schindler ins Leben gerufen. 1866 folgte Ludwig Heppe, dann 1873 Johann Neusch. Diese drei Tabakgrößen beschäftigten in Herbolzheim und den umliegenden Niederlassungen 5000 Menschen. Und es war nicht nur der Tabakanbau an sich, sondern auch das Drumherum wie die Banderolen-Druckerei, Kistenmacherei, die landwirtschaftlichen Tabakanbaubetriebe und mehr, bei denen die Menschen ihr Geld verdienten. Rund 100 Jahre dauerte diese Herbolzheimer Tabak-Ära und diese prägt bis heute das Stadtbild.

Zigarrenfabrik-Dach Neusch

Tabakpflanze in Blüte

Zu diesem Spaziergang gibt es von der Stadt Herbolzheim einen Flyer, auf dem die 24 Stationen abgebildet sind. Grundsätzlich kann man überall in diesen Themenweg einsteigen, die Hinweisschilder sind dazu sehr hilfreich. Der eigentliche Beginn ist in der Niederwaldstraße bei der einstigen Zigarrenkistenfabrik Brüning und von dort geht es weiter zum am Seeweg zu findende Tabaklager Heppe. Mit der Rheinhausenstraße und Punkt drei, das sind die Tabakschöpfe hinter dem Bahngleis, nähert man sich dann der Innenstadt. Denkmäler, Persönlichkeiten, Bauwerke und technische Errungenschaften begleiten hier auf dem Tabakweg. Der Weg führt direkt durch die Stadt, vorbei an geschichtsträchtigen Orten wie dem Alten Zollamt, der Schindler Villa, dem Wohnhaus der Firma Schindler für die höheren Angestellten oder der Werkmeisterwohnung.

Lage: Herbolzheim liegt etwa 30 Kilometer nördlich von Freiburg im Breisgau.

Website:
stadt-herbolzheim.de/freizeit-tourismus/erleben-entdecken/tabakweg

27 Bibelgarten Wagenstadt

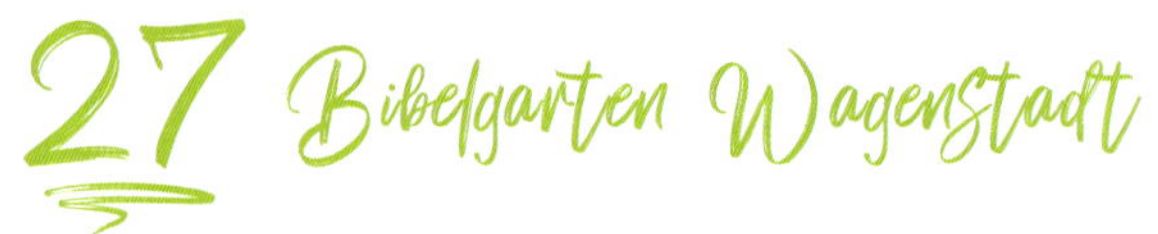

WO GÄRTEN ERBLÜHEN, WACHSEN FREUNDSCHAFTEN

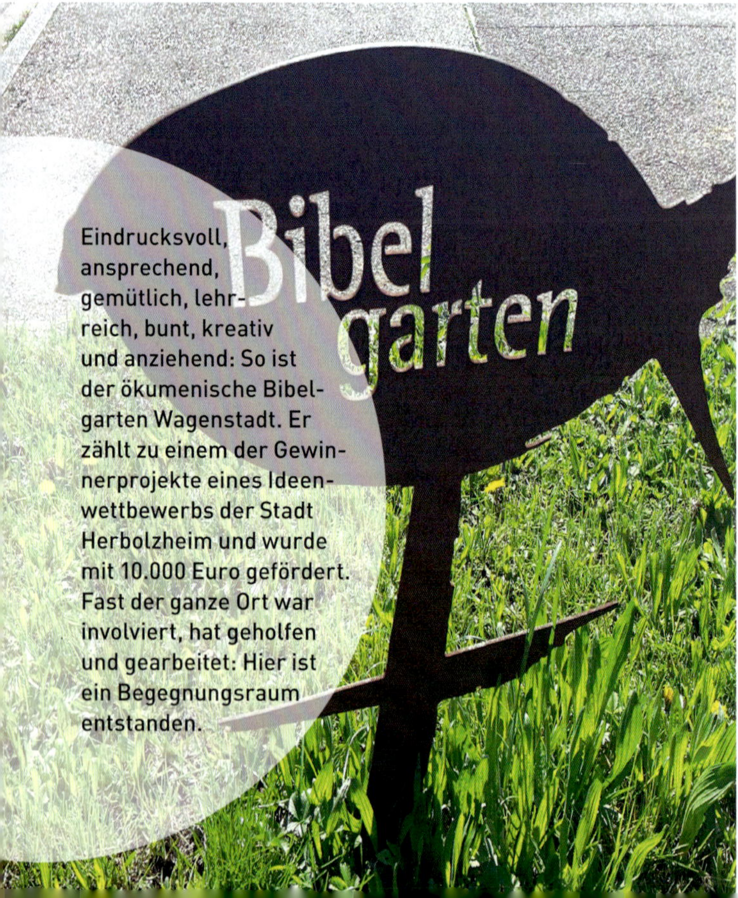

Eindrucksvoll, ansprechend, gemütlich, lehrreich, bunt, kreativ und anziehend: So ist der ökumenische Bibelgarten Wagenstadt. Er zählt zu einem der Gewinnerprojekte eines Ideenwettbewerbs der Stadt Herbolzheim und wurde mit 10.000 Euro gefördert. Fast der ganze Ort war involviert, hat geholfen und gearbeitet: Hier ist ein Begegnungsraum entstanden.

Die Idee brachte die Gemeinderätin Doris Daute 2018 aus Bremen von einer Radtour mit. Gemeinsam mit Hildegard Marx und einem Team entstand hier ein tolles Angebot für jedermann. Mit Landschaftsarchitekt und Gartenbauingenieur begann die ebenfalls ehrenamtliche Planung bei der evangelischen Kirche in Wagenstadt. Drei Bereiche wurden rund um die Kirche mit fleißigen Helfern und den Wagenstädter Vereinen realisiert. Zum einen der „Garten der Begegnung“ mit herrlich geschwungener, für 20 Personen Platz bietender Rundbank unter Mandelbäumen. Hier hat man einen schönen Blick auf einen sprudelnden Quellstein und die mit Duft- und Heilpflanzen, Kräutern, Dornen und Disteln bepflanzten Beete in Fischform. Fische als Symbol der christ-

Der Bibelgarten bei der evangelischen Kirche

Der sprudelnde Quellstein

lichen Urgemeinde regen die Sinne an und laden zum Verweilen ein, ob allein oder in einer Gruppe. Der Quellstein plätschert vor sich hin und hat eine überaus entspannende, beruhigende Wirkung auf die Besucher.

Dann gibt es den „Garten der Ruhe und Meditation": Im Schutz von Bäumen bietet eine mit Reben berankte Laube einen schattigen Rückzugsort zum Entspannen und Nachdenken. Der dritte Bereich ist der „Garten für Aktivitäten der Grundschule und des Kindergartens", denn hier dürfen die Kinder des Ortes Pflanzen selbst säen, beim Wachsen zuschauen, Gemüse ernten und Insekten in ihrem Insektenhotel beobachten.

Die Gartenarbeit ist perfekt aufgeteilt: ein Dutzend engagierter Wagenstädterinnen und Wagenstädter sowie weitere Personen helfen tatkräftig mit. Ob gießen, Bäume und Rosen schneiden oder Rasen mähen – alles läuft hier Hand in Hand für ein blühendes, schönes Bild.

Neben Flyer und Internet gibt es ein Audioguide-System für einen akustischen Spaziergang durch den Bibelgarten und das, man staune, in vier Sprachen: Deutsch, Französisch, Englisch und Alemannisch. Im Bereich hinter der Kirche, der sich idyllisch zeigt, gab es bereits einige Konzerte, Krippenspiele oder Märchenstunden. Er wird sich bestimmt zu einem „kulturellen Treffpunkt" entwickeln, bietet er mit nicht verankerten Sitzbänken, die beliebig gestellt werden können, der Laube und der Natur viele Möglichkeiten. Hier steht auch der Sämann, eine Holzskulptur von Markus Mößner, der diese gespendet hat. Pflanzen aus der Bibel wie Granatapfel, Olivenbaum, Myrte, Linse, Schwarzkümmel oder Maulbeere und Symbolpflanzen wie Christ- oder Pfingstrosen oder die Marinelilie finden sich in dem Garten wieder. Alle sind mit einem Fisch-Täfelchen und dem Namen der Pflanze versehen.

Der Sämann aus Holz

Info

Lage: Wagenstadt gehört zu Herbolzheim und liegt etwa 30 Kilometer nördlich von Freiburg im Breisgau.

Adresse: Ökumenischer Bibelgarten, Im Weiherle 8, 79336 Herbolzheim

Website: *bibelgarten.ev-kirchengemeinden-bleichtal.de*

28 Kenzingen

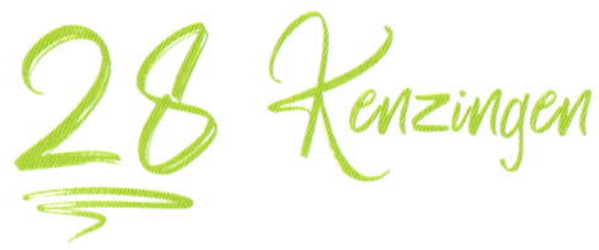

EINBLICKE IN EINE ZUNFTSCHMIEDE

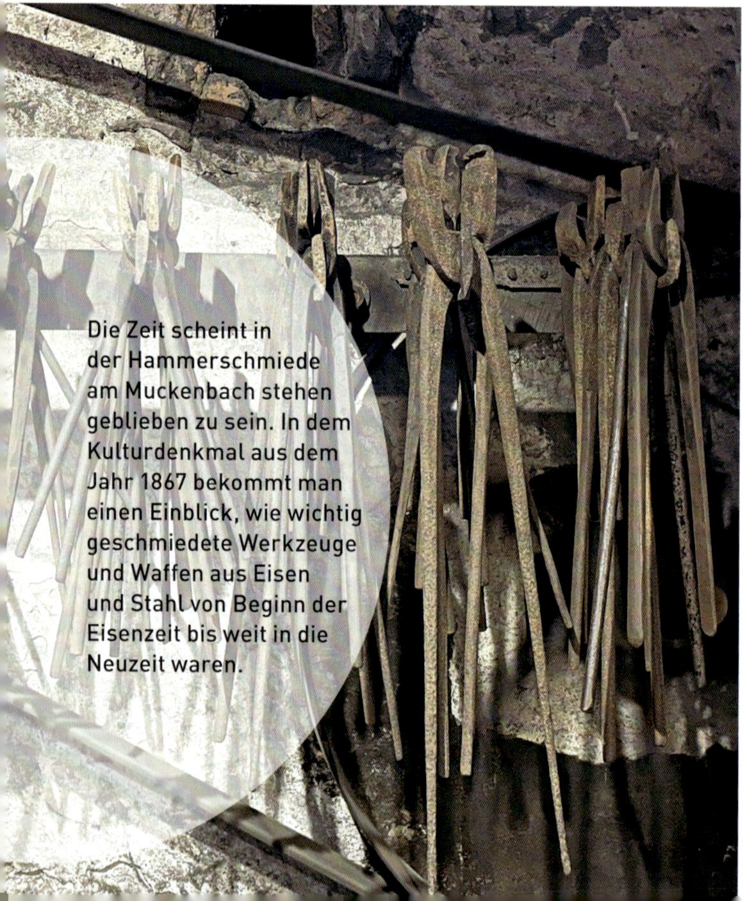

Die Zeit scheint in der Hammerschmiede am Muckenbach stehen geblieben zu sein. In dem Kulturdenkmal aus dem Jahr 1867 bekommt man einen Einblick, wie wichtig geschmiedete Werkzeuge und Waffen aus Eisen und Stahl von Beginn der Eisenzeit bis weit in die Neuzeit waren.

Nahezu ausgestorben ist heutzutage das Berufsbild des Schmieds, einer der ältesten Berufe der Menschheitsgeschichte. Beim Schmied denkt man an Waffen, Werkzeuge und den Hufschmied. Bis in die 1960er-Jahre war es noch selbstverständlich, dass in jedem noch so kleinen Ort Schmiede ansässig waren.

Ein echter Schmied bei der Vorführung

Wer einmal in dieses Handwerk eintauchen möchte, der sollte unbedingt die historische Hammerschmiede in Kenzingen-Muckental besuchen. In der 1867 errichteten Hammerschmiede wurden bis zum Ende des Schmiedebetriebs im hundert Jahre später land- und forstwirtschaftlichen Geräte gefertigt. Seit 2014 ist dieses Kleinod Zunftschmiede der Schmiedezunft Emmendingen. Damit ist hier noch ein Stück Geschichte erlebbar – immer dann, wenn man die alten Stufen hinunter in den Keller steigt. Hier treiben drei Wasserräder den Schleifstein mit einem Durchmesser von zwei Metern, eine Transmission für Bohrmaschine, Generator, Gebläse und dergleichen und natürlich das

Hammerwerk an. Dabei bewegt die vier Tonnen schwere hölzerne Hammerwelle die drei Schmiedehämmer, wovon der größte mit 150 Kilogramm Gewicht den Boden durchaus zum Vibrieren bringt.

Eindrucksvolle Hammerschmiede

Im Jahr 1867 vom damaligen Muckenmüller Joseph Wehrle errichtet, sollte die Hammerschmiede seinem Sohn Rudolf als künftige Existenzgrundlage dienen. Das Bauwerk blieb zusammen mit der Muckenmühle jedoch nicht lange im Eigentum der Familie Wehrle. Um 1880 ging das ganze Anwesen an den Schmied Valentin Feißt, der zur Jahrhundertwende die Schmiede um ein Wohngeschoss aufstockte, wozu auch ein Verkaufsraum gehörte. Die rege Geschäftstätigkeit und eine zunehmende Frequentierung der neu angelegten Bleichtalstraße nach Ottoschwanden und Schweighausen brachte es mit sich, dass die Hammerschmiede bald zur beliebten Etappenstation wurde. Da der Betrieb einer Hammerschmiede nicht mit der industriellen Fertigung von Werkzeugen

Schritt halten konnte, kam mit dem „Wirtschaftswunder" in den 1960er-Jahrenauch das Ende dieses Handwerks. Fortan ruhte der Hammer. Da das Muckental jedoch erst 1987 eine öffentliche Stromversorgung erhielt, drehte sich zumindest ein Wasserrad zur Eigenstromversorgung weiter. Als ein verheerendes Hochwasser im Jahr 1987 weite Teile des Bleichtals heimsuchte, wurde auch die im ursprünglichen Zustand verbliebene Hammerschmiede verwüstet. Die Schäden wurden später beseitigt und die Schmiede als kleines technisches Museum in einen funktionsfähigen Zustand versetzt. Ein Wasserrad betriebener Generator speist darüber hinaus seit 1997 rund um die Uhr Strom in das öffentliche Stromnetz ein.

Ohne Glut geht nichts

Heute gibt es besondere Tage, an denen die Hammerschmiede geöffnet ist und an denen die Schmiede der Schmiedezunft Emmendingen die Funken fliegen lassen.

Lage: Kenzingen liegt etwa 27 Kilometer nördlich von Freiburg im Breisgau. Die Hammerschmiede liegt im Muckental etwa zehn Kilometer östlich von Kenzingen.

Adresse: Muckental 2
(vormals Bleichtalstraße 2), 79341 Kenzingen

Websites:
- *zur-hammerschmiede.de/museumsschmiede*
- schmiedezunft-em.de

Einkehren:
- Restaurant zur Hammerschmiede: liegt über der Schmiede, Tel. 07643 9344027, *zur-hammerschmiede.de*

29 Oberrheinische Narrenschau

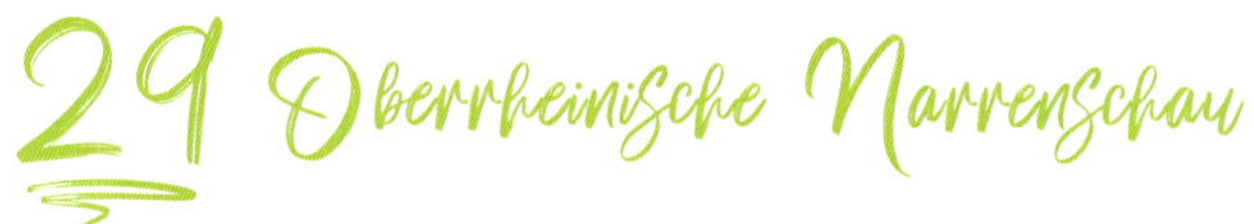

DAS GANZE JAHR FASNET

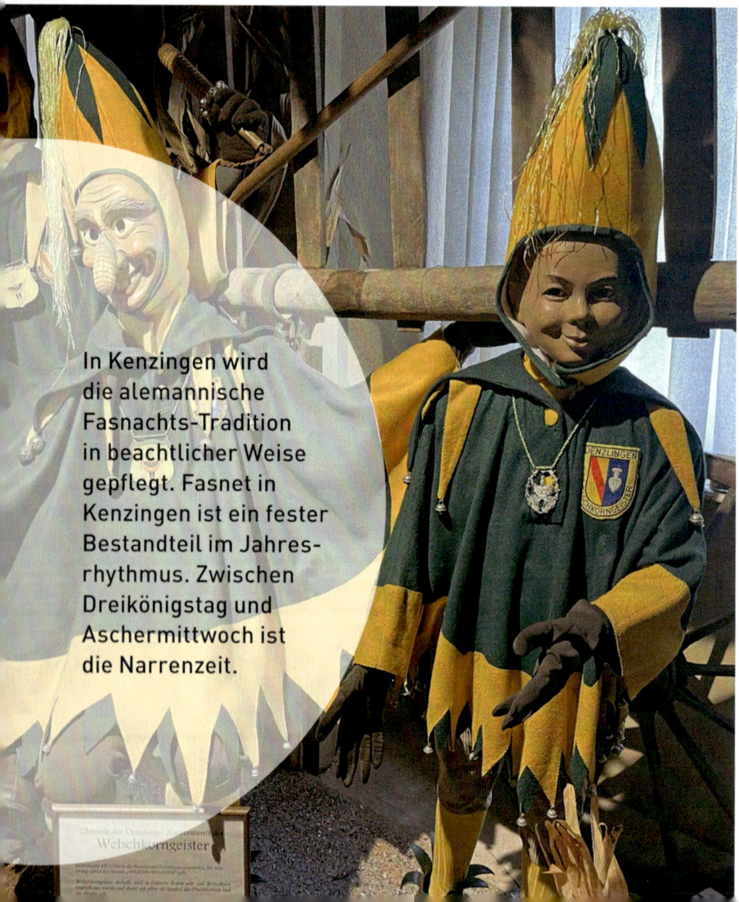

In Kenzingen wird die alemannische Fasnachts-Tradition in beachtlicher Weise gepflegt. Fasnet in Kenzingen ist ein fester Bestandteil im Jahresrhythmus. Zwischen Dreikönigstag und Aschermittwoch ist die Narrenzeit.

Schaurig schön, skurril, witzig, furchteinflößend, bunt oder schrill – die fünfte Jahreszeit hat viele Anhänger. Allerdings beschränkt sich die Fasnet im schwäbisch-alemannischen Raum auf eine relativ kurze Zeitspanne zwischen den Dreikönigstag und Aschermittwoch. Dann, wenn die Fasnacht verabschiedet wird, heulen die Narren und hängen das Häs bis Dreikönig wieder in den Schrank. Wem diese Zeit viel zu lange erscheint und wer Sehnsucht nach dem bunten Treiben hat, der sollte einen Abstecher nach Kenzingen machen. In einem historischen Gebäude in einem Gässchen hinter der Kirche versteckt sich die Oberrheinische Narrenschau. Hier im Museum des Verbandes Oberrheinischer Narrenzünfte ist das ganze Jahr hindurch Fasnet.

Hingucker – das Hinweisschild zur Narrenschau

Der Endinger Jockili

Die Schergässler aus Reichenbach

Betritt man das Museum, steht man sofort inmitten der alemannischen Fasnet. Masken und Häs der Zünfte am Oberrhein, von Oberkirch im Norden bis zum Hochrhein im Süden sind hier vertreten. Anhand von verkleideten Figuren wird vermittelt, wie sich die jeweilige fünfte Jahreszeit hier und da und auch dort abspielt. Liebevoll mit entsprechenden Accessoires, Bild-Hintergründen von Städten, Wald oder Stuben. Über 300 Narrengruppen in fantasievollen Häs und kunstvoll geschnitzten Holzlarven, in Gruppen nach Vogteien zusammengestellt, verdeutlichen dem Besucher die Vielfalt alemannischen Fasnetbrauchtums. Auf fünf Stockwerken darf man eintauchen in liebevoll geschnitzte Masken, ideenreich und kreativ genähten Anzügen für Groß und Klein. Natürlich fehlt auch der Narrensamen nicht – der Nachwuchs der Zünfte. Besonders zu erwähnen die düstere Ecke mit schwebenden Hexen. Betritt man hier den Raum, ertönen Geräusche, zucken Blitze und die Hexe schwebt auf dem Besen – herrlich schaurig. Einzigartig in dem Museum sicherlich die Präsentation der Tiroler Fasnachten. Nassereith, Imst, Axam und die Masken der Mullergemeinden geben hier einen Einblick in die Brauchfasnet des Landes Tirol.

Der Verband Oberrheinischer Narrenzünfte e.V. umfasst 81 Narrenzünfte in den Regionen Ortenau, Breisgau, Schwarzwald und Dreiländereck mit mehr als 25.000 aktiven Fasnächtlern. Gerne werden Führungen durch die Narrenschau, in der die Geschichte der alemannischen Fasnet nähergebracht wird, angeboten.

Wunderbar präsentierte Zünfte

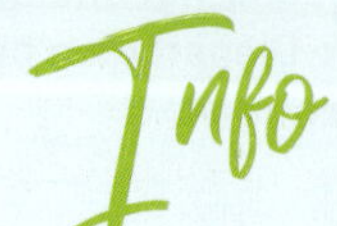

Lage: Kenzingen liegt etwa 27 Kilometer nördlich von Freiburg im Breisgau.

Adresse: Alte Schulstraße 20,
79341 Kenzingen, Tel. 07644 900113

Website: *holzmasken.de/oberrheinischenarrenschau/index.html*

30 Burg Lichteneck

ES WAR EINMAL ...

Es war einmal vor langer Zeit: Das tägliche Leben spielte sich auf einer Burg zu längst vergessenen Zeiten überwiegend draußen ab. Die Männer gingen zur Jagd oder auf das Feld, die Frauen waren mit den täglichen Haushaltsarbeiten beschäftigt und mussten die Dienstboten beaufsichtigen.

Die Burg Lichteneck

Die schon von Weitem sichtbaren, leider teils verfallenden mächtigen Ruinen der Burg Lichteck mit Baumerkmalen des 14. bis 16. Jahrhunderts sind ein wunderbares Ausflugsziel. Wer die Autobahn Basel-Karlsruhe nutzt, kommt nicht umhin, das Wahrzeichen am Tor zum Breisgau zu bewundern. Wenngleich ihr desolater Zustand kaum zu erahnen ist, erkennt man beim Besuch der Burg deren Bedeutung vor Hunderten von Jahren.

Steile Treppen

Schnell kann man eintauchen in längst vergessenes Burgleben, sobald man die Zugbrücke betritt. Erste urkundliche Erwähnung fand die Burg im Jahr 1290 als Eigentum der Grafen von Freiburg. Damit ist sie eine der ältesten Burgen des Breisgaus. Gebaut wurde sie von 1260 bis 1270. Zerstört wurde die Burg am 15. April 1675 von General Vaubrun. Seit dieser Zeit liegt die Festung nahezu unberührt über dem Dorf Hecklingen. Anteil an der neueren Geschichte hatte die Lichteneck als Artilleriebeobachtungsstellung in den beiden Weltkriegen, denn dafür eignete sich ihre Lage hervorragend. Es ist kaum anzunehmen, dass zwischen den Ereignissen des Dreißigjährigen Krieges und dem Jahr des Untergangs der Burg 1675 größere Aus- und Neubauten auf der stark geschädigten Burg unternommen wurden. Bei einer Führung erfährt man von einem mittelalterlich gekleideten Vetreter des Fördervereins, dass die innere Burg Lichteneck – wie übrigens die Mehrzahl der Burgen des 13. Jahrhunderts – in Spornlage auf der westlichen Spitze einer Muschelkalkplatte, sozusagen auf dem auslaufenden Ende kurz vor dem Abbruch der Gesteinsformation, liegt. Nach Norden und Osten wird die Burgstelle durch einen Halsgraben vom anstehenden Berg abgetrennt. Dieser diente im Anschluss an Vorwerke und Gräben als letztes Annäherungshindernis vor den mächtigen als Wehrmauern verstärkte Außenmauern der inneren Gebäude im Norden und Westen. Im Süden und Westen liegt die Burg sturmfrei, das bedeutet durch abfallendes Gelände gegen einen Angriff geschützt. Die Mauerstruktur der Burg besteht aus gelblich-weißem Kalkstein, Putzreste weisen darauf hin, dass die Burg ursprünglich vollkommen verputzt war.

Bei einer Führung lernt man viel

Das alte Pulverfässchen

Viel kann man bei einer Führung erfahren, für Jung und Alt gleichermaßen interessant – von der immensen, 3,30 Meter dicken Wand der Ostseite bis hin zu einer verschlossenen Tür, hinter der sich noch ein Pulverfässchen verbirgt, das bei Ausgrabungen gefunden wurde. Man erkennt Schießscharten für die einstigen Kanonen. Hierzu wird erklärt, dass diese nur mit Steinkugeln befüllt werden konnten, dazu gab es einen Steinmetz im Burggefüge, der aus Steinquadern die Kugeln herausarbeitete. Übrigens konnten nur alle halbe Stunde solche Steine abgefeuert werden.

Die Brücke zur Burg

Aber noch etwas spürt man hier oben bei der Besichtigung: Es herrscht immer ein Luftzug oder gar Wind. Und man hat eine unglaublich tolle Fernsicht über 120 Kilometer zu den Vogesen, dem Kaiserstuhl, den Schwarzwaldbergen und dem Schweizer Jura.

Der heutige Eigentümer hat im Jahr 1985 die Burg für eine D-Mark gekauft. Gemeinsam mit dem Förderkreis hat man sich zur Aufgabe gemacht, dieses Baudenkmal aus dem Dornröschenschlaf zu erwecken. Und um auch einmal Burgherr oder Burgfräulein zu sein, kann man die Burg, die heute über Strom, WC und fließend Wasser verfügt, für Hochzeiten, Geburtstage oder andere Feste anmieten. Besichtigen kann man die Anlage nur im Rahmen einer der angebotenen Führungen. Aber allein der Weg hoch zur Burganlage auf etwa 150 Metern ist einfach ein schöner Ausflug.

Lage: Hecklingen liegt etwa 24 Kilometer nördlich von Freiburg im Breisgau.

Adresse: Hecklingen, 79341 Kenzingen

Website: *burg-lichteneck.de*

31 Mühlbachrundweg Breisgau

RADELND DIE INDUSTRIEGESCHICHTE ENTDECKEN

Für Genussradfreunde bietet sich vorzüglich der ebene Themen-Radweg von Emmendingen-Kollmarsreute über Teningen nach Riegel an. Hier wird entlang des Gewerbekanals Mühlbach gefahren. Und nebenbei kann man noch so Allerlei erfahren.

Keuchend einen Berg hinaufzufahren, dass braucht man bei diesem kurzweiligen Abenteuer wahrlich nicht. Relaxed und entspannt verläuft der Themenradweg entlang des Gewerbekanals. 20 Tafeln am Wegesrand informieren dabei über die am Weg liegenden Mühlen, Kraftwerke und Sehenswürdigkeiten. Auf den Punkt gebracht: die Industriegeschichte vom Mittelalter bis heute.

Man sollte etwa drei Stunden für die 28 Kilometer lange Strecke einplanen – wer unterwegs einkehren möchte oder fotografieren und alles ganz in Ruhe entdecken mag, natürlich mehr. Folgen muss man dabei den gelben Schildern mit blauer Beschriftung.

Den gelben Schildchen folgen

Man startet, wenn man die gesamte Strecke radeln möchte, am Kollmarsreuter Wehr. Kollmarsreute wurde erstmals 1385 urkundlich erwähnt. Seit 1400 gehört es zu Emmendingens. Am Wehr ist dann später auch das Ziel. Es liegt südlich von Kollmarsreute an der Elz und wurde im Jahr 1883 errichtet. Beim 42 Meter breiten Wehr, das als Kulturdenkmal geschützt ist, wird das Wasser der Elz in den Mühlbach Emmendingen geleitet.

Auf Feldwegen fährt man am Ortsteil Kollmarsreute vorbei und trifft im Stadtviertel Bürkle-Bleiche wieder auf den Mühlbach. Hier radelt man weiter vorbei an mehreren Kraftwerken in die Innenstadt. Wer jetzt schon ein Päuschen einlegen möchte, hat genügend Möglichkeiten einzukehren in netten Cafés, Eisdielen oder Restaurants. Entlang des Mühlbachs stößt man auf die einstige Öl-, Säge- und Getreidemühle, die Mundinger Mühle. Ihre historischen Wurzeln gehen bis in das Mittelalter zurück. Sie steht an der Straßenkreuzung der Dorfstraße Mundingen und der B3 von Emmendingen nach Teningen. Am Kollmarsreuter Wuhrkanal wird bereits seit dem 13. Jahrhundert ein Teil des Wassers der Elz in den Mühlbach geführt und mit Wasserkraftanlagen genutzt. Eine dieser Anlagen war diese Mundinger Mühle, die aber seit 1940 nicht mehr als solche in Betrieb ist. Zwar steht der Mühlenturm noch, aber technische Einrichtungen sucht man vergebens. Erst Ende 2000 wurden unterhalb des Turmes Reste einer alten Anlage wieder entdeckt. Im Nebengebäude wurde zur Stromgewinnung eine neue Turbinenanlage eingesetzt. Das historische Wasserrad ist neu erstellt und die Gesamtanlage als touristisches Kleinod in bürgerschaftlicher Betreuung.

Historisch nachgebautes Wasserrad

Mundinger Mühle

Vogelperspektive auf Riegel

Weiter geht es über offenes Gelände nach Riegel, das man mit seinem charakteristischen, einstigen Brauereigebäude bald schon aus der Ferne ausmachen kann. Hier fließen Elz, Glotter und Dreisam zusammen. Für dieses Schauspiel sollte man eine kleine Pause einlegen. Der Rückweg verläuft auf dem in Fließrichtung linksseitigen Elzdamm nach Emmendingen. Am Weg liegen der Köndringer Baggersee und die Freibäder Teningen und Emmendingen.

Lage: Kollmarsreute gehört zu Emmendingen und liegt etwa 13 Kilometer nördlich von Freiburg im Breisgau.

Adresse: Das Kollmarsreuter Wehr liegt beim Gasthaus am Elzwehr, Oberes Grün 6, 79312 Emmendingen-Kollmarsreute

32 Emmendingen im Breisgau

KLEINER, CHARMANTER STADTBUMMEL

Eine überschaubare Stadt mit keinen 30.000 Einwohnern, das ist Emmendingen. Die Große Kreisstadt mit ihrem Charme der historischen Altstadt bietet attraktive Einkaufsmöglichkeiten und für die Pause zwischendurch gibt es zahlreiche Gelegenheiten.

Gerne als Tor zu Schwarzwald und Kaiserstuhl bezeichnet, fühlt man sich in Emmendingen schnell wohl. Erstmals wurde es 1091 urkundlich erwähnt, jedoch vermutet man bereits im 7. Jahrhundert eine alemannische Siedlung. Im Jahr 1415 kam Emmendingen an die Markgrafen von Baden und erhielt 1418 das Marktrecht. Später ließen der Anschluss an die Bahnlinie Offenburg-Freiburg im Jahr 1845 und die Ansiedlung vieler großer Betriebe die Einwohnerzahl stark anwachsen. Um verschiedene Besonderheiten in Augenschein nehmen zu können, empfiehlt sich ein kleiner Stadtrundgang.

Schmuck ist es allemal – das Niederemmendinger Tor

Diesen startet man am besten beim Bahnhof und der dortigen Tourist-Information. Die erste Station ist auch der Emmendinger Bahnhof, der 1845 zur Eröffnung der Bahnlinie Offenburg-Freiburg fertiggestellt worden war. Damit zählt er übrigens wie viele Stationsgebäude an der Rheintalschiene zu den ältesten noch erhaltenen Bahngebäuden Deutschlands. Für über zehn Millionen Euro wurde der Bahnhof vor rund zehn Jahren barrierefrei gestaltet.

Entlang der Stadtmauer geht es weiter zum Goethepark. Hier steht eine Säule, die an den Besuch von Johann Wolfgang Goethe und Jakob Michael Reinhold Lenz in Emmendingen im Jahr 1775 erinnert. Schnell steht man vor dem Rathaus. Ein prämierter Bau nach Plänen der Architekten Harter und Kanzler aus Freiburg realisiert, ist seit 1992 Sitz der Stadtverwaltung. Im Foyer finden immer wieder sehenswerte Ausstellungen statt.

Imposant und auf jeden Fall ein Foto wert ist das Niederemmendinger Tor. Es ist das einzig erhaltene von ursprünglich vier Stadttoren. Hier wurde bis in die Mitte des 19. Jahrhunderts ein Wegegeld erhoben, dessen Einnahme zu den Rechten der Stadt gehörte. Der rechte Torbogen kam erst 1929 hinzu. Das Tor beheimatet eine Galerie, in der Wechselausstellungen zeitgenössischer Kunst aus den Bereichen Malerei, Zeichnung, Fotografie und Bildhauerei stattfinden.

Museum und Kirche

Weiter führt der Weg Richtung Schlossplatz und genau von hier hat man den besten Blick auf das Markgrafenschloss, in dem das Stadtgeschichtliche Museum und das Fotomuseum Hirsemüller untergebracht sind. Im Schlosskeller wohnt kein Gespenst, sondern hier ist eine Kulturbühne untergebracht. Erstmals 1230 dokumentiert, wurde es 1588 durch Markgraf Jacob III. von Baden-Hachberg erworben und zu einem Residenzschloss umgebaut. Für alle Krimifans: Jacob soll 1590 durch Arsenvergiftung gestorben sein.

In unmittelbarer Nachbarschaft des Markgrafenschlosses steht die evangelische Stadtkirche. Besonders sehenswert ist das spätgotische Chorgebäude mit einem Dachstuhl von 1475/76. Der Kirchhof diente bis zum Ende des 16. Jahrhunderts als Friedhof.

Und bevor es Richtung Marktplatz geht, trifft man auf die Kreuzung zwischen der Kirch- und Theodor-Ludwig-Straße. Hier steht seit 1995 ein Brunnen des Bildhauers Michael Schwarze. Der Marktplatz selbst zeigt sich großräumig, hier finden Veranstaltungen

Der Marktplatz

statt und seit 1418 der Wochenmarkt immer dienstags und freitags. Zahlreiche Bürgerhäuser säumen den Platz mit dem Alten Rathaus (1729). Besonders empfehlenswert ist ein Besuch des Deutschen Tagebucharchivs mit Museum. In den angrenzenden Sträßchen rund um den Marktplatz finden sich tolle Einkehr- und Einkaufsmöglichkeiten. Und von hier ist man auch gleich wieder am Ausgangspunkt, am Bahnhof.

Info

Lage: Emmendingen liegt etwa 15 Kilometer nördlich von Freiburg im Breisgau.

Adressen:

- Tourist-Information, Im Bahnhofsgebäude, Bahnhofstraße 8, 79312 Emmendingen, Tel. 07641 19433, *tourismus.emmendingen.de*
- Bahnhof, Bahnhofstraße 7, 79312 Emmendingen
- Galerie im Tor, Lammstraße 30 (im Stadttor), 79312 Emmendingen, *kulturkreis-em.de*

33 Elztalmuseum

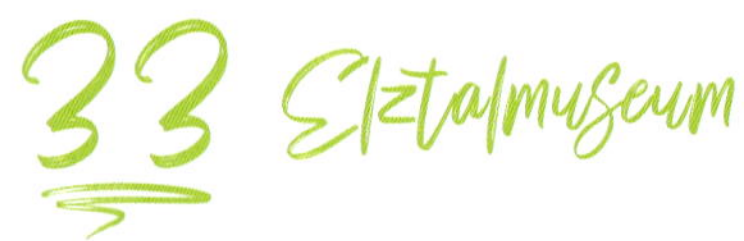

NOSTALGISCHE WELT DER ORGELN

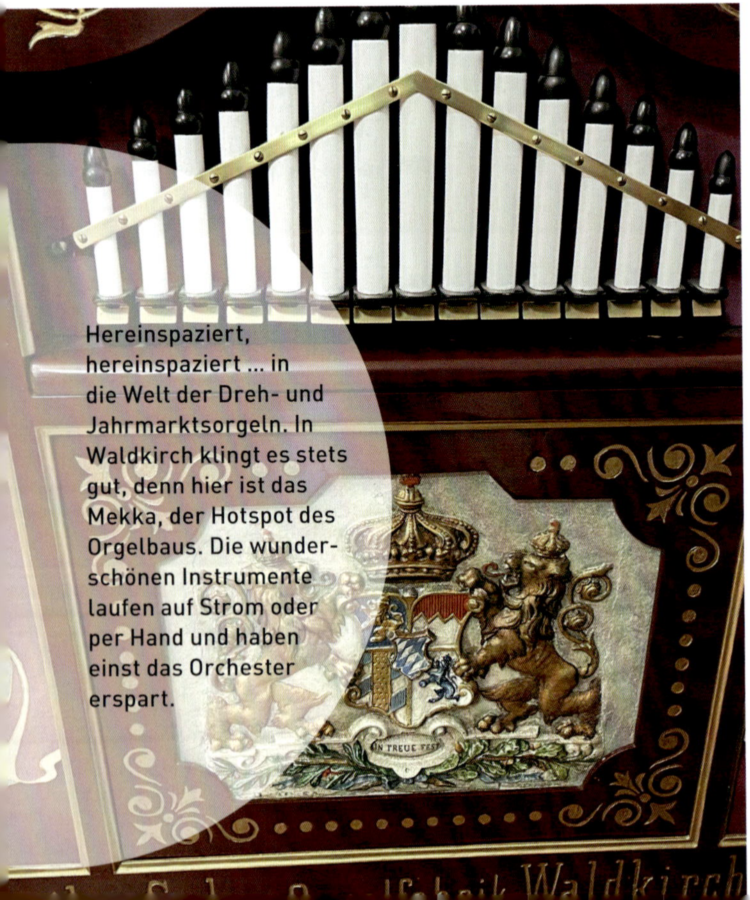

Hereinspaziert, hereinspaziert … in die Welt der Dreh- und Jahrmarktsorgeln. In Waldkirch klingt es stets gut, denn hier ist das Mekka, der Hotspot des Orgelbaus. Die wunderschönen Instrumente laufen auf Strom oder per Hand und haben einst das Orchester erspart.

Führung mit Roland im Orgelmuseum

Im ehemaligen Chorherrenstift, einem barocken Bau aus dem 18. Jahrhundert, sollte man dem Elztalmuseum einen Besuch abstatten. Auf vier Stockwerken wird man in die spannende Geschichte des Elztals entführt. Eine absolute Besonderheit allerdings ist die nostalgische Welt der Dreh- und Jahrmarkt-orgeln und Orchestrien. In modernen Installationen und anhand von Originalobjekten kann man die regionalgeschicht-lichen Entwicklungen und musikalische Vielfalt auf besondere Art und Weise erleben.

Ein wunderschönes Orchestria

Bei einer Führung durch das Orgelmuseum erfährt man interessante Dinge und bekommt zudem viel schöne Musik zu hören. Stimmung kommt dabei

Bunt verziert

Detailverliebt

allemal auf, wenn die Drehorgeln und vor allem die Orchestrien erklingen. Ob „New York, New York", „Mecki Messer" oder „God save the King", man wird sofort mitgerissen in die andere, buntschillernde Welt der Jahrmärkte. Waldkirch, so erfährt man in der Führung von Roland, ist ein Hauptort des Orgelbaus. Orgeln haben hier nämlich eine mehr als 200-jährige Tradition: Kirchen- und Karussellorgeln, Orchestrien, Drehorgeln und Leierkästen brachten Musik aus dem Schwarzwald in die ganze Welt, auf Jahrmärkte und in Tanzsalons. Die lange Orgelbau- und Orgelspieltradition machten die Stadt zum „Zentrum des Orgelbaus". Namen wie Mathias Martin oder Ignaz Blasius Bruder sind hier eng verknüpft mit dem Orgelbau.

Am 1. September 1806 konnte Ignaz Bruder die erste funktionsfähige Orgel in Betrieb nehmen. Damals gab es bis zu neun Orgelbauer mit über 100 Mitarbeiter in Waldkirch. Zum Bau brauchte man Holzpfeifen, Blasebalg, Stiftwalze und eine Handkurbel. Die Stiftwalze bestand aus 20.000 Metallnägeln, acht Lieder je eine

Minute lang konnten je Stiftwalze abgespielt werden. Und durch das leichte Verschieben der Walze konnten auch andere Melodien für Belustigung sorgen, bis zu 20 unterschiedliche.

Im Museum sieht man auch die Originalorgel aus der 1928 in Berlin uraufgeführten Dreigroschenoper. Etwas langsamer als gewohnt hört man „Mecki Messer". Auf der Weltausstellung in Paris im Jahr 1900 wurde die Erfindung der Lochplatte prämiert, eine enorme Verbesserung zur aufwendig herzustellenden Stiftwalze. Die Lochplatten bestanden aus Karton mit Schellackschicht.

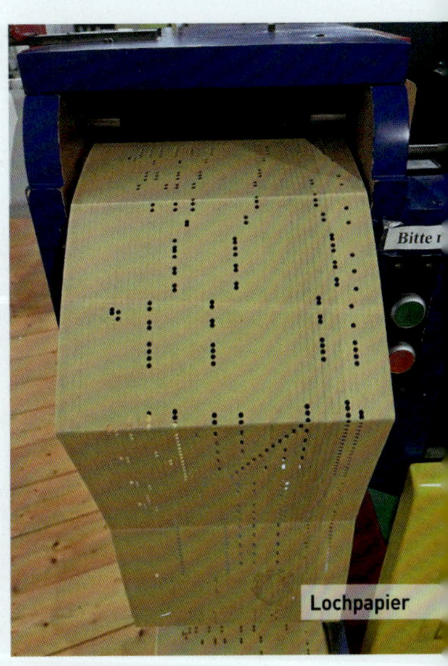

Lochpapier

Immer wieder darf man staunen über die wunderschön gefertigten Instrumente. Und die Orchestrien, die laut und pompös mit spielender Kapelle und Figuren ihresgleichen suchen.

Noch heute gibt es vier Orgelbauer in Waldkirch. Und um 12 Uhr erinnert das tägliche Orgelspiel am Rathaus die Menschen, dass das Thema eng verknüpft mit der Stadt ist.

Info

Lage: Waldkirch liegt etwa 15 Kilometer nordöstlich von Freiburg im Breisgau.

Adresse: Kirchplatz 14, 79183 Waldkirch, Tel. 07681 478530

Website: *elztalmuseum.de*

HINWEIS: Das Museum ist barrierefrei.

34 Baumkronenweg Waldkirch

ZWISCHEN DEN WIPFELN DES HUGENWALDES

Die Natur mit allen Sinnen entdecken und aus ihr etwas lernen, dabei hoch über Waldkirch sein – der Baumkronenweg macht das möglich. Um hierhin zu gelangen, muss aber zuerst einmal der Sinnesweg bewandert werden.

Blick auf Waldkirch

Der 200 Meter lange Baumkronenweg ist ein absolutes Highlight. Über schlanke Stege und Aussichtstürme geht es hoch hinauf. Hier begegnet man dem Schwarzwald auf Augenhöhe. Der Ausblick auf das Rheintal und die französischen Vogesen ist atemberaubend. Um aber den Eingang des Baumkronenweges zu erreichen, braucht es einige Schweißtropfen und ein paar Verschnaufpausen.

Auf dem Sinnesweg gibt es viel zu entdecken

Der Baumkronenweg Waldkirch liegt auf dem Gipfelplateau des Hugenwalds. In rund 27 Meter Höhe kann man auf einer 200 Meter langen Holz-Stahl-Konstruktion die Natur aus einer neuen Perspektive entdecken. Hierhin gelangt man über einen gut 1,2 Kilometer langen, recht steilen Wanderweg, der als Sinnesweg angelegt ist.

Mitmach-Tafeln

Verschiedenartig konzipierte Stationen laden nicht nur Kinder zum Fühlen, Hören, Tasten, Riechen und Sehen ein und bieten viele zusätzliche Einblicke in die Natur. Man entdeckt Tierspuren, erschnuppert Waldfrüchte und kann eine Hängebrücke bezwingen, ehe man den Baumkronenweg erreicht. Unterwegs hat man einen wunderbarem Ausblick auf die Kastelburg,. Endlich oben angekommen, wird man in jedem Fall belohnt. Der Eingang mit einem Kiosk bietet Erfrischungsgetränke, Snacks und Kaffee. Für Abwechslung sorgen dann bereits gleich hinter dem Eingang ein Spielplatz sowie ein Abenteuer- und ein Barfußpfad. Dort, befreit von Socken und Schuhen, beginnt das große Kribbeln für die Fußsohlen auf ganz ungewohntem, aber stets natürlichem Untergrund. Tannenzapfen, Hölzer, Steine, Moos und viele weitere Materialien lassen die Sinne aufleben.

Holzspiel Eichhorn

Über Hängebrücken, Kletternetze und Wackelbrücken führt der über 200 Meter lange Baumwipfel-Abenteuerpfad von Baum zu Baum. Etwas Mut und Schwindelfreiheit sind dabei schon erforderlich, um hier Meister zu werden.

Wer danach an den mühsamen steil abwärts gehenden Rückweg denkt, kann auch eine ganz besondere Alternative wählen. Diese ist zudem viel, viel schneller und kürzer. Aber es braucht schon ein wenig Mut, mit der 190 Meter und damit längsten Highspeed-Röhrenrutsche Europas zu rutschen. Mit einem Gefälle von bis zu 50 Prozent führt die Röhre in 15 bis 18 Sekunden zum Sinnesweg zurück.

Die Highspeed-Röhrenrutsche am Ziel

Lage: Waldkirch liegt etwa 15 Kilometer nordöstlich von Freiburg im Breisgau.

Adresse: Erwin-Sick-Straße, 79183 Waldkirch, Tel. 0151 50404867. Von hier geht man Richtung Stadtrainsee, von dort ist der Sinnesweg ausgeschildert.

Website: *baumkronenweg-waldkirch.de*

HINWEISE:

- Der Sinnesweg geht ziemlich steil bergauf. Der Weg ist für offroad-taugliche Kinderwagen geeignet. Rollstuhlfahrer können sich vor ihrem Besuch telefonisch oder per E-Mail ankündigen und eine Zufahrtsbeschreibung direkt zum Eingangsbereich des Baumkronenwegs anfordern.
- Der Baumkronenweg ist barrierefrei.

35 Staufen

BIO-GENUSS IM OBSTPARADIES GENG

Natur pur, Streuobstwiesen, summende Insekten, herrliche Düfte und wunderbare Produkte. Einen Ausflug zur Obstparadies Manufaktur nach Staufen ist ein Erlebnis für Groß und Klein, Jung und Alt.

Der Hofladen in Staufen

Familie Geng baut in ihrer Obstmanufaktur 440 Apfel-, 260 Birnen- sowie 40 Pflaumen- und Zwetschgensorten an. Der Anbau erfolgt dabei nach ganzheitlichem Ansatz, der die immer wichtiger werdenden Themen wie den absoluten Verzicht auf Pestizide, Arten- und Sortenvielfalt, Bodenschutz, Wasserschutz und Energieeinsparung berücksichtigt.

Im Hofladen, in Marktständen auf Wochenmärkten und im Onlineshop finden sich über 100 Produkte aus eigenem Obst und eigener Herstellung im Sortiment. Mit Herz und Liebe wird der Betrieb geführt, jeder aus der Familie packt mit an. Hier spielt die Leidenschaft mit hinein und als Kunde kann man sich nur glücklich schätzen, gesundes Obst kaufen zu können.

Rund 5000 Bäume stehen auf den Anlagen. Im Obstparadies haben neben Kirschen auch verschiedene Sorten von Quitten, Mirabellen, Renekloden, Haselnüsse und Walnüsse einen Platz. Begünstigt durch das Weinbauklima werden auch ein paar Exoten wie Indianerbananen, Kiwis, nordische Zitronen, Maulbeeren und Kakis kultiviert. Abgerundet wird das Spektrum von einer großen Anzahl verschiedener Wildobstarten wie Eberesche, Speierling, Felsenbirne, Kornelkirsche, Mispel, Holunder, Schlehe, Zibarte sowie Duft- und Wildrosen.

In der Manufaktur entstehen ehrliche Produkte und besondere Genusserlebnisse. Auf der Suche nach intensivem Geschmack werden bewährte Rezepte weiterentwickelt und Neues ausprobiert. Dabei profitiert man von der direkten Verbindung von Anbau und Verarbeitung. Das Obst wird zum optimalen Reifezeitpunkt geerntet und im Anschluss verarbeitet. Ungespritzte, reife, gesunde Früchte von leckeren Obstsorten sowie der Verzicht auf Konservierungsmittel und künstliche Farb- und Aromastoffe sind die Grundlage der Arbeit. Als Chef der Manufaktur ist Johannes für alles zuständig, was die Veredlung und den Verkauf der Obstschätze angeht. Auf den Märkten und im Laden

Johannes Geng

Beste Auswahl verschiedener Naturprodukte

ist er direkt mit den Kunden in Kontakt und teilt sein profundes Obstwissen und seine Begeisterung für die alten Sorten und den natürlichen Anbau. Bei seiner Tätigkeit kommt ihm seine Ausbildung zum Edelbrandsommelier zugute. Paradies-Tröpfchen abschmecken, Rezepte entwickeln, Fruchtaufstriche kochen und natürlich die Mosterei sind einige Aufgabengebiete.

Ein leckeres Produkt in dem umfangreichen Sortiment ist der Paradies-Prickler aus den hauseigenen Fruchtsäften mit feinperlender Kohlensäure. Den Paradies-Prickler gibt es in verschiedenen Kompositionen aus ausgewählten Obstsorten und Blüten, die in den ungespritzten Streuobstwiesen von Hand gesammelt werden. Nach der sorgfältigen Auswahl reifer und handverlesener Früchte wird schonend gekeltert. So wird bester Geschmack ohne Einsatz von Zucker oder Farb- und Konservierungsstoffen erzielt.

Info

Lage: Staufen im Breisgau liegt etwa 18 Kilometer südlich von Freiburg im Breisgau.

Adresse: Gewerbestraße 19, 79219 Staufen, Tel. 07633 9807340

Website: *obstparadies-staufen.de*

HINWEIS: Es werden auch Führungen durch das einzigartige Obstparadies angeboten.

36 Stadtspaziergang Staufen

DIE PERLE DES BREISGAUS

Eingebettet in Weinberge, blickt die Fauststadt über das Rheintal auf die Vogesen. Die Perle des Breisgaus bietet eine Vielzahl von Sehenswürdigkeiten. Neben einer Fülle an interessanten Veranstaltungen durch das Jahr lässt es sich wunderbar durch die mittelalterliche Altstadt bummeln.

Staufen ist die Fauststadt und das liegt an ihrem wohl berühmtesten einstigen Bewohner: Johann Georg Faust, jenem sagenumwobenen Alchemisten, Magier, Wahrsager und Wunderheiler, der hier vor knapp 500 Jahren starb – jener Doktor Faust der Weltliteratur, der uns seit Goethe bekannt ist. Schon zu Lebzeiten war Faust zu einer Legende geworden, die nach seinem Tod immer weitererzählt wurde und über die Jahrhunderte bis hin zu Goethe fortwirkte. In Staufen lebendig blieb eine Teufelssage über die Ereignisse um Faust im Gasthaus „Löwen" am Marktplatz. Dort kann man heute nicht nur im berühmten Sterbezimmer von Faust übernachten, sondern auch in der 1915 eingerichteten „Faust-Stube" gut essen und trinken. Direkt an der Außenfassade findet man den Hinweis auf den berühmten Sohn der Stadt.

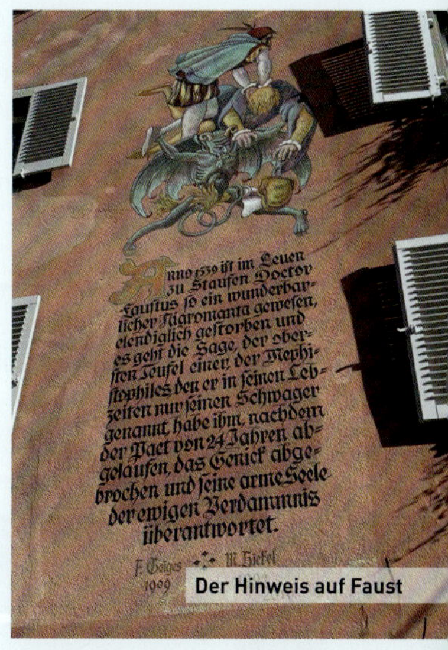

Der Hinweis auf Faust

Am besten beginnt man am bunten Marktplatz und hier am Marktbrunnen, der aus der Spätrenaissance stammt und auf dessen Säule sich seit 1786 ein kleiner Fahnenträger mit Schild mit dem Staufener Stadtwappen stützt. Dieser Fahnenträger symbolisiert das Marktrecht der Stadt. Direkt beim Marktbrunnen steht das 1546 erbaute Rathaus. Im September 2007 hatte die Stadt sieben bis zu 140 Meter tiefe Erdwärmesonden bauen lassen. Das Rathaus sollte damit geheizt

Der Marktplatz mit Brunnen und Rathaus

und gekühlt werden. Ende des gleichen Jahres wurden Risse an Gebäuden im historischen Altstadtbereich beobachtet. Es konnte anhand geodätischer Messungen nachgewiesen werden, dass Hebungen des Untergrundes die Schadensursache waren. Überdimensionale Pflaster auf den Rissen mit der Aufschrift „Staufen darf nicht zerbrechen" zieren seitdem manches Haus.

Weiter bummelt man entlang der Hauptstraße und schaut in dieses oder jenes Gässchen. Wunderbare Fachwerkhäuser, die Bächle, nette Cafés und Restaurants und viele inhabergeführte Geschäfte laden zum Verweilen ein. Alles erscheint hier in Staufen farbenfroh und bunt. Und über dem Städtchen thront die Burgruine Staufen.

Bummeln in der Fauststadt

In 15 Minuten Fußweg erreicht man die Burgruine. Der ehemalige Sitz der Freiherren von Staufen bietet einen atemberaubenden Blick auf die Vogesen, die Rheinebene und natürlich auf Staufen selbst. Erstmalig urkundlich erwähnt wurde die Burg im Jahr 1248.

Die Burgruine Staufen

Die Freiherren von Staufen, die später hoch verschuldet waren, setzten auf Johann Georg Faust und baten ihn, Gold herzustellen. 1539 kam Faust in seinem Zimmer im Gasthaus zum Löwen durch eine chemische Explosion ums Leben. Im Jahr 1602 erlosch das Geschlecht der Herren von Staufen mit dem Tod des letzten Freiherren Georg Leo von Staufen. Burg und Stadt fielen an Österreich. Seit 1607 war die Burg nicht mehr bewohnt und wurde während des Dreißigjährigen Krieges von schwedischen Truppen in Brand gesetzt und zerstört. Die Burgruine ist heute frei zugänglich und einen Ausflug wert.

Lage: Staufen im Breisgau liegt etwa 18 Kilometer südlich von Freiburg im Breisgau.

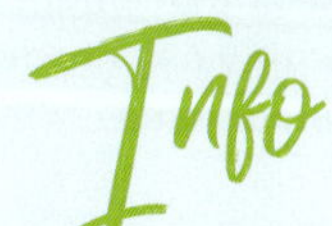

Websites:

- *staufen.de*
- *loewen-staufen.de/historie-persoenliches.html*

37 Tango- und Bandoneonmuseum

BUENOS AIRES-FLAIR IN STAUFEN

Man vermutet es sicher nicht, aber das kleine Städtchen Staufen ist Heimat der weltweit größten Bandoneon-Sammlung. Ein Bandoneon ist ein von Heinrich Band konzipiertes Musikinstrument aus der Familie der Harmonikainstrumente.

Die größte Popularität des Instrumentes steht in unmittelbarem Zusammenhang mit dem Tango. Der Tango Argentino wurde im Jahr 2009 zum UNESCO-Weltkulturerbe erklärt und spricht Menschen aller Generationen an. Unter Tango versteht man sowohl den Tanz wie die Musikrichtung, die sich seit Ende des 19. Jahrhunderts von Buenos Aires aus in der gesamten Welt verbreitete.

Joachim Baar und offenes Bandoneon

Und genau hier kommt Staufen und der Vorsitzende des Tango- und Bandoneonmuseums Staufen e. V., Joachim Baar, ins Spiel. Er, selbst Musiker und Tangotänzer, stieß per Zufall auf einen Fernsehbericht, bei dem Axel Steinhart (2020 verstorben) seine gemeinsam mit seinem Vater Konrad zusammengetragene Bandoneon-Sammlung ausstellen wollte. Joachim Baar fragte beim Bürgermeister nach und tatsächlich sprach sich auch der Gemeinderat dafür aus, dass diese Sammlung in Staufen einen Platz finden sollte. Den hat sie heute im Kapuzinerhof.

Betritt man das Museum, das gleichzeitig als Tango-Tanzsaal und als musikalische Ausbildung an den Bandoneons genutzt wird, ist man überwältigt. Das Museum präsentiert eine Auswahl der „Sammlung Steinhart", die mit 450 dieser seltenen Bandoneons, 4000 historischen Schellackplatten aus dem Buenos Aires der 1920er-Jahre und 4000 Noten und Partituren die zu diesem Thema derzeit größte öffentlich zugängliche Sammlung der Welt ist. Außerdem finden sich hier historische Grammophone und Plakate mit Autogrammen der berühmtesten Tango Argentino-Tänzer oder-Musiker. Neben Museums-Führungen werden Unterricht und Schnupperkurse für Bandoneon und Tango sowie Vorträge mit Live-Präsentationen zur Geschichte des Bandoneons angeboten. Tango-Praktika finden zu regelmäßigen Terminen statt.

Ausstellung und Tanzraum

Da die Stadt Staufen die Räumlichkeiten zur Verfügung stellt, musste ein Verein gegründet werden. Bereits zur Gründungsversammlung kamen 62 Interessierte und durch das Dreiländereck sind heute auch Schweizer und Franzosen begeistert von der Idee. Sie kommen als Tänzer und Tänzerinnen oder sind Vereinsmitglieder. Insgesamt zählt der Verein160 Mitglieder. Tango sei etwas Besonderes, Tango verbinde mit dem Tanzführenden und dem Tanzfolgenden und mit der Musik, so die Mitglieder.

Ein Bandoneon mit Elfenbein

Beim Rundgang durch das Museum, das immer sonntags zwischen 15 und 18 Uhr seine Pforten öffnet, stößt man inmitten dieser unglaublich schönen Unikate auch auf ein altes Akkordeon aus Rosenholz. Die Verzierungen an den Instrumenten, die Intarsien-Arbeiten nur für das Auge als zweckfreie Schönheit, lassen erahnen, mit wie viel Liebe und Hingabe diese Instrumente einst hergestellt wurden. Damit man sich in dem Museum noch besser zurechtfinden kann, wurden die Beschreibung und die Besonderheiten eines jeden Einzelstücks digitalisiert und als QR-Code zusammengefasst. So kann man als Besucher einfach mit seinem Mobiltelefon nachlesen, um welche Besonderheit es sich hier und da im Regal handelt. Übrigen hat solch ein Bandoneon 71 Tasten, wiegt etwa vier Kilogramm und ist sehr schwer zu erlernen.

Und der rührige Verein um Joachim Baar kümmert sich mit Leidenschaft und Herz. Axel Steinhart hat mit seinem Vermächtnis ein einzigartiges, aber kein leichtes Erbe hinterlassen. Außerdem werden auch stetig die Verbindungen zu Argentinien vertieft. So besuchte bereits die Generalkonsulin Miriam Beatriz Chavez das Museum.

Info

Lage: Staufen im Breisgau liegt etwa 18 Kilometer südlich von Freiburg im Breisgau.

Adresse: Grunerner Straße 1,
79219 Staufen im Breisgau, Tel. 07633 82761

Website: *staufentango.de*

Freiburg
F

Freiburger Münster

Freiburg

38. Freiburgs Schlossberg: Hausberg mit Aussicht
39. Freiburger Münster: in 116 Metern dem Himmel so nah
40. Münstermarkt: an Frische nicht zu überbieten
41. Brauereiausschank Ganter: auf Wunsch mit Nachschlag
42. Schneckenvorstadt: von der Gerberau zur Fischerau
43. Alter Friedhof: ein Gang durch Freiburgs Geschichte
44. Pflastersteine Freiburg: Kunst auf den Straßen
45. Seepark Freiburg: beliebtes Naherholungsgebiet
46. Mundenhof : ein tierisches Vergnügen
47. Vauban: Paradebeispiel für den Einsatz erneuerbarer Energien
48. Café 5 senses: hipp, ausgefallen und echt lecker
49. Skulpturenpfad: WaldMenschen erzählen Geschichten
50. Schauinsland: bester Blick ins Land auf 1284 Metern

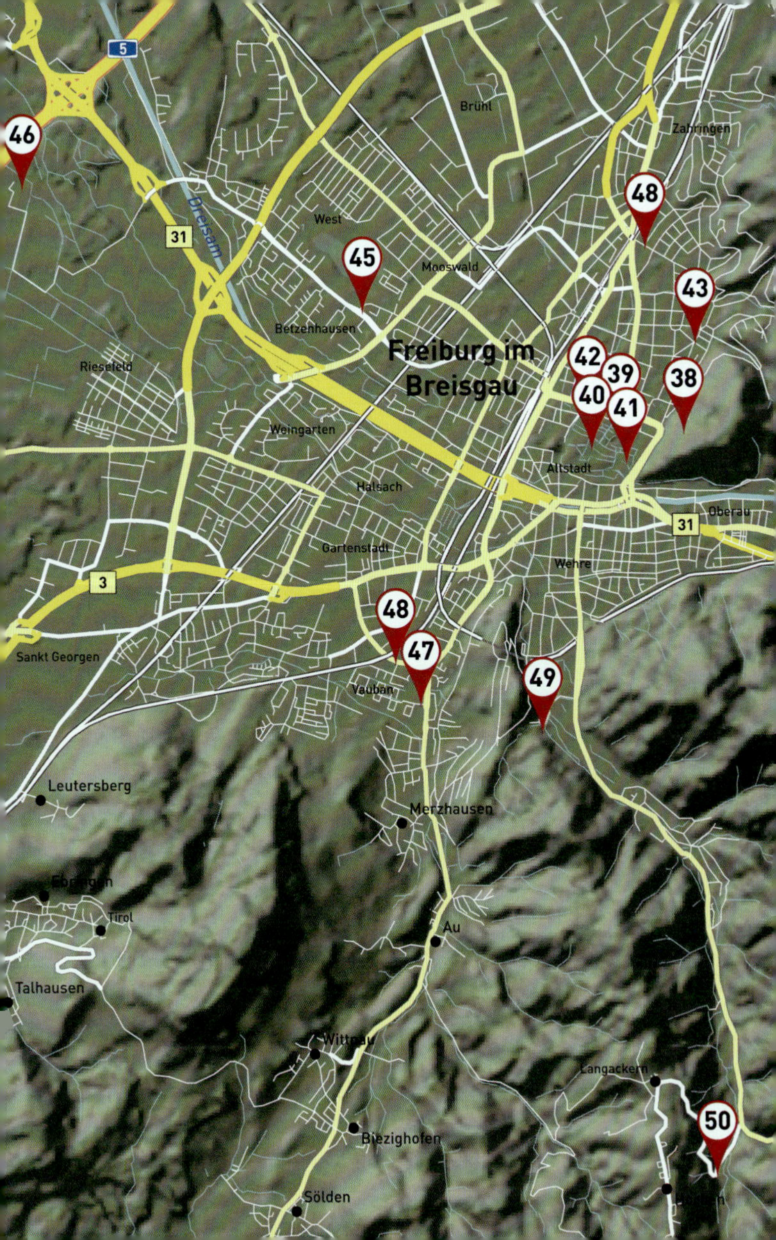

5
46
Brühl
Zähringen
Dreisam
31
West
45
Mooswald
48
43
Betzenhausen
Freiburg im Breisgau
42
39
40
41
38
Rieselfeld
Weingarten
Haslach
Altstadt
Oberau
31
Gartenstadt
Wiehre
3
48
47
49
Sankt Georgen
Vauban
Leutersberg
Merzhausen
Tirol
Talhausen
Au
Langackern
50
Biezighofen
Sölden

38 Freiburgs Schlossberg

HAUSBERG MIT AUSSICHT

Freiburgs Hausberg ist ein absolutes „Muss", wenn man in der Stadt ist. Schon die Herzöge von Zähringen wussten, dass es sich hier gut aushalten lässt. Bereits im 11. Jahrhundert gründeten die Zähringer Freiburg und legten hier oben als Stammsitz ihres Herzogtums das Burghaldenschloss an. Als später die Habsburger die Herrschaft von Freiburg übernommen hatten und mit den Bourbonen immer wieder Auseinandersetzungen bestritten, traten entscheidende Veränderungen auf: Der gesamte Schlossberg wurde nach der französischen Eroberung von Baumeister und Generalkommissar Vauban im Jahr 1677 als Festung angelegt. Nach mehrfachem Herrschaftswechsel wurde die Festung 1744 von den abziehenden französischen Truppen völlig zerstört. Reste dieser Festung prägen auch heute noch das Gesicht des Berges. Sie stehen heute für den Frieden unter den Völkern und speziell für die Freundschaft zwischen Deutschland und Frankreich. Im 19. Jahrhundert wurde der Berg dann als romantischer Parkwald gestaltet.

Eine der schönsten Ausblicke auf Freiburg und gar nicht fern der Stadt: der Schlossberg. Hier lässt es sich zu jeder Jahreszeit bestens aushalten. Auf Freiburgs Hausberg finden sich Stelen und Tafeln, ein Festungsmodell, Himmelsliegen, Aussichtspunkte, Spielplatz, Bänken, kleine Wege für Rundtouren und vieles mehr – ein Freizeitvergnügen für Jung und Alt.

Blick auf das Freiburger Münster und die Stadt

Viele Wege führen zum Schlossberg. So kann man mit der Schlossbergbahn den kurzen, aber durchaus interessanten Weg wählen. Die Schlossbergbahn ist ein automatisierter Schrägaufzug. Er startet vom Stadtgarten aus und kann bis zu 25 Fahrgäste, auch Rollstühle und Kinderwagen, auf den Schlossberg bringen. Hier überwindet die Bahn 73 Höhenmeter bei einer maximalen Steigung von 22 Grad. Für die 262 Meter lange Strecke benötigt

Der Schlossbergturm

die Schlossbergbahn etwa drei Minuten. Oben angekommen, locken ein Restaurant, das Schlossbergrestaurant Dattler, mit unschlagbarem Ausblick und der Schlossbergturm, den man innerhalb von 15 Gehminuten erreicht. Der Turm wurde 2002 fertiggestellt und bietet einen beeindruckenden Panoramablick von der Plattform in rund 33 Meter Höhe.

Wer in der Stadt direkt vom Schwabentor aus losgeht, gelangt über den Schwabentorsteg, eine Holzbrücke, direkt zu einem Aufzug des dortigen Restaurants. Elegant, wenn auch in recht kleiner Kabine, geht die Fahrt schon einmal nach oben. Übrigens lockt hier beim Ausstieg der Kastaniengarten mit rund 800 Plätzen. Er ist einer der schönsten und ältesten Biergärten Südbadens und besonders im Sommer ein überaus beliebter Treffpunkt.

Atemberaubend ist aber auch die Aussicht mit den Fernrohren am Kanonenplatz. Kanonen gibt es hier keine mehr, dafür scheint das Freiburger Münster zum Greifen nah zu sein. Dahinter liegen die Rheintalebene und die Vogesen.

Für die kleinen Besucher des Schlossberges führt „Spensti" auf einigen Kindertafeln über den Hausberg. Bestens ausgeschildert, hat man hier unzählige Möglichkeiten den einstigen Herrschersitz der Zähringer zu erkunden.

Spensti führt hier die Kinder

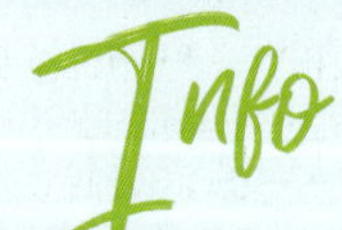

Lage: Freiburg im Breisgau liegt im Südwesten Baden-Württembergs, etwa 150 Kilometer südwestlich der Landeshauptstadt Stuttgart. Der Schlossberg liegt östlich der Stadt.

Websites:

- *freiburg.de*
- *schlossberg-bahn.de*
- *dattler.de*
- *greiffenegg.de/kastaniengarten.html*

39 Freiburger Münster

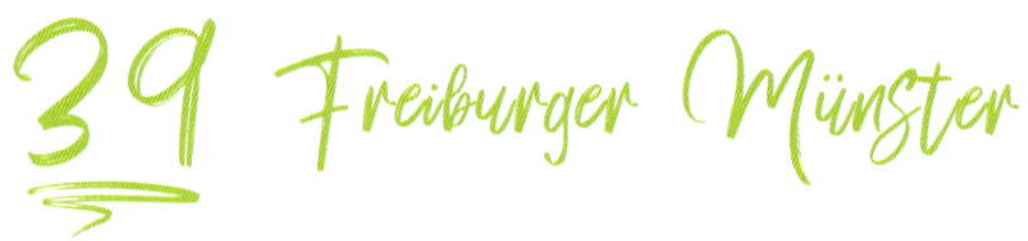

IN 116 METERN DEM HIMMEL SO NAH

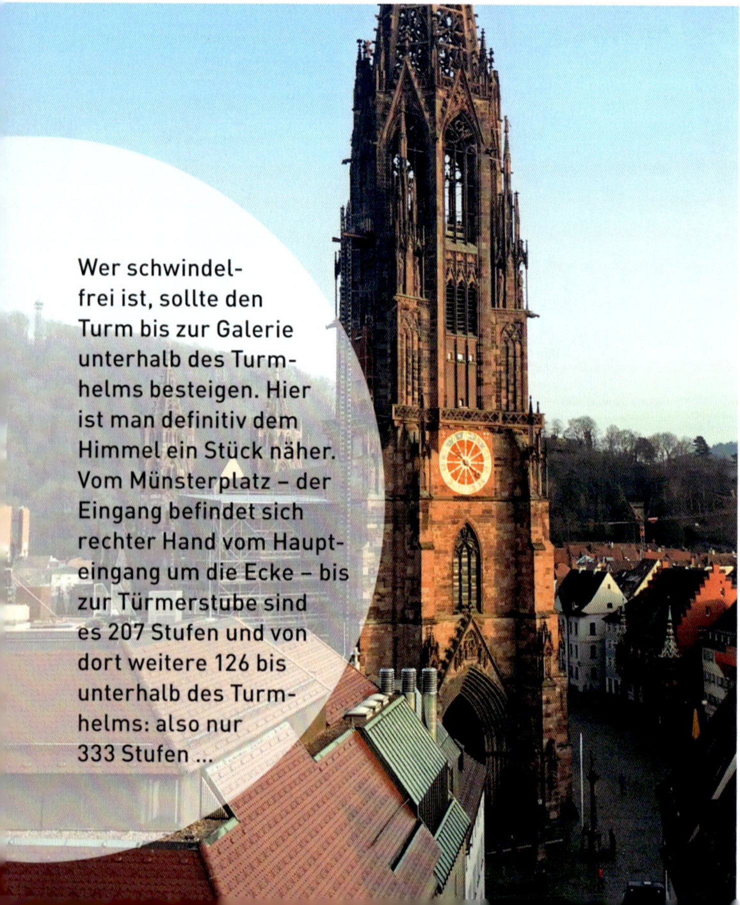

Wer schwindelfrei ist, sollte den Turm bis zur Galerie unterhalb des Turmhelms besteigen. Hier ist man definitiv dem Himmel ein Stück näher. Vom Münsterplatz – der Eingang befindet sich rechter Hand vom Haupteingang um die Ecke – bis zur Türmerstube sind es 207 Stufen und von dort weitere 126 bis unterhalb des Turmhelms: also nur 333 Stufen …

Das Freiburger Münster Unserer Lieben Frau mit dem „schönsten Turm der Christenheit", eine Aussage, die man dem Schweizer Kulturhistoriker Jacob Burckhardt (1818-1897) zuschreibt, ist Wahrzeichen von Freiburg. Stolz überragt der 116 Meter hohe Münsterturm mit seinem filigranen Turmhelm die Gebäude der Altstadt und den Münstermarkt. Berühmt ist es auch für seine besonders schönen mittelalterlichen Glasfenster und seine vielfältigen Wasserspeier. Doch es gibt noch unendlich viel mehr an diesem Bauwerk zu entdecken. Die Baugeschichte des Münsters begann um 1200 unter Herzog Bertold V., der eine Grablege für die Zähringerdynastie errichten wollte. Das Querschiff und die Untergeschosse der Seitentürme wurden im spätromanischen Stil nach dem Vorbild des Basler Münsters erbaut. Ab 1230 jedoch fand ein Wechsel zum Stil der französischen Gotik statt.

Die Südseite des Münsters mit den Wasserspeiern

Das Freiburger Münster ist Geschichte, aber auch Gegenwart und Zukunft. Und man kann hier einen ganzen Tag zubringen, um die unzähligen Details, geschichtsträchtigen Erinnerungen und Besonderheiten zu bewundern: Bei einem Rundgang um das Münster sind es die 91 individuell gestalteten Wasserspeier. Diese haben die Aufgabe das Mauerwerk vor zu viel Regenwasser zu schützen. Aber die Speier sind mehr als nur die Wasserableiter des Freiburger Wahrzeichens, denn sie sollten einst auch böse Dämonen vom Gotteshaus fernhalten und wurden deshalb mit teils gruseligen Fratzen gestaltet. Einer sticht heraus: Er streckt seinen Allerwertesten Richtung Historisches Kaufhaus – der Hinternentblößer. Ob der Steinmetz Stress mit dem Erzbischof hatte oder stimmte die Bezahlung des Steinmetzes nicht?

Durch den einzigartigen Hauptzugang gelangt man dann in das Freiburger Münster hinein. Hier finden sich auch einstige Maßeinheiten, links neben dem Eingang sieht man beispielsweise die Freiburger Elle, die 54 Zentimeter misst, oder die Brotmaße, aber auch den Zuber (etwa 182 Liter) und den Sester, in dem Getreide abgemessen wurde (etwa 23 Liter).

Die faszinierende Portalhalle

Künstlerischer Höhepunkt ist die Portalhalle. Alle Wände sind mit einer dichten Folge von biblischen und allegorischen Figuren versehen, die inmitten schöner Spitzbogenarchitekturen stehen. Damals gab es nur wenige Menschen, die lesen konnten, für diese war die Portalhalle eine Art Bilderbibel, die Grundlagen des christlichen Glaubens illustrierte. Geschehnisse des Alten Testaments, die Heilsgeschichte des Neuen Testaments und viele biblische und allegorische Figuren finden sich hier.

Die Glasfenster

Das Freiburger Münster besitzt noch viele Fenster aus der Entstehungszeit des Münsters (um 1200 bis Mitte des 16. Jahrhunderts). Sie wurden um 1330 von den Handwerkszünften gestiftet, die an ihren charakteristischen Symbolen wie die Brezel (Bäcker), den Stiefel (Schuhmacher), das Mühlrad (Müller) und die Schere (Schneider) zu erkennen sind. Bei Sonnenschein wird das Licht durch die wunderschön bunten Glasfenster gebrochen und erzeugt eine warme, anheimelnde Stimmung im Kirchenschiff.

Beeindruckend ist auch der Hochaltar mit seinen insgesamt elf Bildtafeln. Dieser zählt zu den bedeutendsten Altarwerken der Dürerzeit. Der Straßburger Künstler Hans Baldung Grien schuf ihn gemeinsam mit Mitarbeitern aus seiner Werkstatt zwischen 1512 und 1516. Und die Orgelanlage ist mit 151 klingenden Registern (207 Pfeifenreihen und 10.195 Pfeifen) eine der größten Orgeln in Deutschland, Europa und der Welt.

Der Hochaltar des Freiburger Münsters

Info

Lage: Das Freiburger Münster liegt mitten in der Altstadt.

Adresse: Münsterplatz, 79098 Freiburg im Breisgau

Website: *freiburgermuenster.info*

Aktivitäten:

- Münsterführungen: c-punkt Freiburg, Ökumenische Cityseelsorge Herrenstraße 30, 79098 Freiburg, Tel. 0761 2085963, *c-punkt-freiburg.de*

HINWEISE:

- Am Hauptportal gewährt eine Rampe barrierefreien Zugang zum Münster.
- Im Turm befindet sich kein Aufzug; er ist nur über 333 Stufen zu erklimmen.
- Es gibt akustische Verstärkungsanlagen, eine Induktionsschleife und ein Tastmodell für Blinde im Münster.

40 Münstermarkt

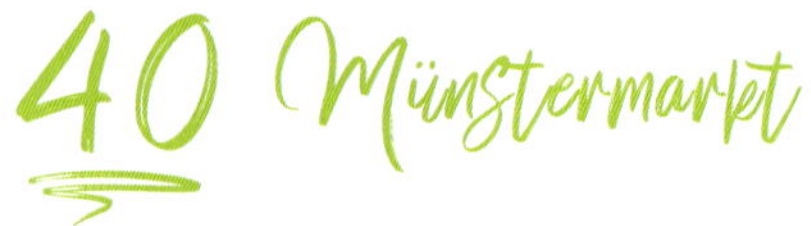

AN FRISCHE NICHT ZU ÜBERBIETEN

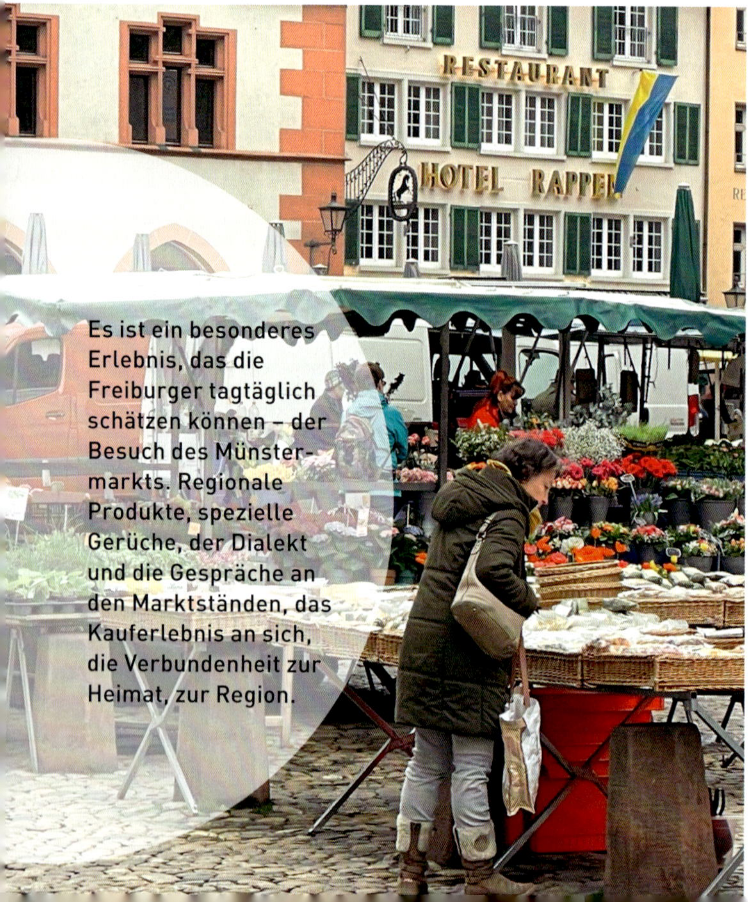

Es ist ein besonderes Erlebnis, das die Freiburger tagtäglich schätzen können – der Besuch des Münstermarkts. Regionale Produkte, spezielle Gerüche, der Dialekt und die Gespräche an den Marktständen, das Kauferlebnis an sich, die Verbundenheit zur Heimat, zur Region.

Der Münstermarkt, rund um das Freiburger Münster platziert, erfreut tagtäglich die Menschen, die in Freiburg wohnen, arbeiten, die Touristen, die der Breisgau Metropole einen kurzen Besuch abstatten und all jene, die gezielt vorbeikommen. Morgens, wenn die Sonne aufgeht, beginnt das Gewusel auf dem Platz, die Lieferwagen fahren an, die Händler kommen und bauen ihre Marktstände auf, platzieren ihr Angebot so schön, dass es in den Fokus rückt. Mit etwa 130 Marktständen von Montag bis Samstag ist hier viel los und wird viel geboten.

An Frische nicht zu überbieten

Es gibt eine strenge und klare Unterteilung, denn auf der Nordseite präsentieren Bauern aus dem Dreisamtal, dem Markgräflerland und dem Kaiserstuhl ihre Ernten, auf der Südseite bieten Händler Feinkost, exotische Früchte, Kunsthandwerk und Pflanzen an. Das Angebot variiert dabei je nach Wochentag und Saison. Man kann fachsimpeln, sich Anregungen holen, sich inspirieren lassen, bummeln, schlendern, schauen, kaufen, fotografieren und sich einfach an

Blumen vom Münstermarkt machen Freude

dem vielfältigen Angebot erfreuen. Manche Händler und Bauern sind bereits seit vielen Generationen auf dem Münstermarkt vertreten – manche Familien über 130 Jahre.

Der Freiburger Wochenmarkt auf dem Münsterplatz hat eine lange Tradition und besteht, seitdem 1120, Konrad von Zähringen, die Marktgründungsurkunde gesiegelt hat. Der Platz rund um das Münster wurde zu Beginn nur zu einem kleinen Teil genutzt. Der Markt war an mehreren Standorten zu finden, vom Martinstor über die heutige Kaiser-Joseph-Straße hin zum Münsterplatz und führte teilweise in die angrenzenden Straßen wie die Salzstraße. Brot, Wein, Fleischwaren, Holz, Korn, Viktualien, Krämerwaren und lebende Tiere konnten damals gekauft werden. Im 14. Jahrhundert verlagerte sich das Marktgeschehen dann zunehmend an den Fuß des Münsters. Allerdings stand hier noch eine mannshohe Mauer, die die Kirche damals umschloss. Nachdem 1785 die Mauer um das Münster abgebaut wurde, konnte sich der Münstermarkt regelrecht entfalten und entzerren und zog damit auch immer mehr Händler und Bauern an. Als 1841 auf dem Platz wieder drängende Enge herrschte, beschloss man Teile des Marktes auszulagern. Diese Entwicklung lässt sich heute noch an den Namen der Plätze Holzmarkt und Kartoffelmarkt ablesen. 1853 bekam der Münstermarkt ein neues Kleid: Der Platz wurde mit Rheinkieseln gepflastert, auf denen die Freiburger und ihre Gäste heute noch um die Marktstände herumspazieren.

Info

Lage: Die Marktstände stehen rund um das Münster.

Adresse: Münsterplatz,
79098 Freiburg im Breisgau

Website: *muenstermarkt.freiburg.de*

HINWEIS: Empfehlenswert ist es, Bargeld dabei zu haben, denn nicht alle Beschicker akzeptieren Bankkarten.

41 Brauereiausschank Ganter

AUF WUNSCH MIT NACHSCHLAG

Wenn man in Freiburg unterwegs ist, möchte man sich vielleicht auch einmal ausruhen und sich dabei stärken. Am zentralen Münsterplatz gibt es zahlreiche Einkehrmöglichkeiten. Eine von ihnen ist der „Ganter Brauereiausschank“ auf der Südseite des Münsters.

Ein großer Pluspunkt, wenn einen der kleine Hunger zu einer eher außergewöhnlichen Zeit überfällt: Der Ganter Brauereiausschank am Münsterplatz bietet durchgehend warme Küche von 11:30 bis 21:45 Uhr. Somit kann man sich in der Breisgau Metropole entspannt treiben lassen, bis man dann hungrig ist. Und das Beste: Hier geht keiner hungrig raus, denn zum einen gibt es Nachschlag bei Bedarf, zum anderen geht es hier rustikal und deftig zu.

Knusprige Haxe mit Ganter Bier

Am 23. März 2002 öffnete der Ganter Brauereiausschank am Münsterplatz im „Haus zum Roten Eber" seine Pforten. Die in Freiburg ansässige Brauerei kehrte wieder an ihren Ursprung zurück, in das im Zweiten Weltkrieg völlig zerstörte Stammhaus. Eingerichtet wurde dabei ganz im Stil der alten Zeit. Schweinekrustenbraten in Dunkelbiersauce mit Kartoffelknödel oder die Biersuppe, aber auch Badisches Schäufele, Schweinshaxe mit

Badisches Schäufele

Sauerkraut und Kartoffelknödel, Badisches Ochsenfleisch mit Meerrettichsauce, Salzkartoffeln und Rote-Beete-Salat sowie Kässpätzle finden sich auf der Speisekarte. Schmackhaft, deftig, lecker. Dazu trinkt man am besten eine der vielen Ganter-Spezialitäten: Badisch Weizen Hefetrüb, Ganter Wodan dunkel, Ganter Urtrunk, ein Badisch Helles – allesamt vom Fass – oder ein Freiburger Pilsener, Ganter alkoholfrei, Radler süß oder sauer und viele weitere Gerstensäfte. Es gibt zudem

Der Ganter Brauereiausschank bietet tolle Außensitzplätze

den „Meter Bier": zehn Mal 0,2 Liter mit fünf Spezialitäten zum Ausprobieren und – wenn es denn so gut geschmeckt hat, dass man die Köstlichkeit mitnehmen möchte – auch den Zwei-Liter-Siphon zum Mitnehmen.

Ganter Urtrunk – regional und lecker

Die Lage direkt am Münsterplatz ist dabei erstklassig, weil man bei den ersten Sonnenstrahlen schauen kann, ob man nicht einen der Außentische ergattern kann. Hier kann man dann nicht nur gut essen und Bier trinken, sondern auch bestens dem Geschehen am Münster sein Augenmerk schenken.

Im Jahr 2025 kann die Familienbrauerei Ganter auf 160 Jahre traditionelle handwerkliche Braukunst zurückblicken. Dabei ist sie gleichzeitig eine der modernsten mittelständischen Brauereien Deutschlands. Es gibt im Stammhaus in Freiburg Brauereiführungen und attraktive Events im Jahreskreislauf direkt bei Ganter.

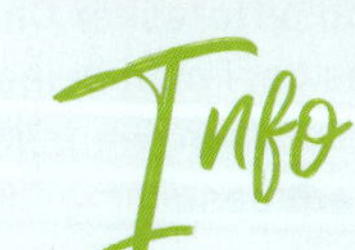

Lage: Der Ganter Brauereiausschank befindet sich südlich des Münsters am Münsterplatz.

Auskunft: Münsterplatz 18-20, 79098 Freiburg im Breisgau, Tel. 0761 34367

Website: *ganter-brauereiausschank.de*

Aktivitäten:

- Führung in der Brauerei: Brauerei Ganter, Schwarzwaldstraße 43, 79117 Freiburg, *ganter.com*

42 Schneckenvorstadt

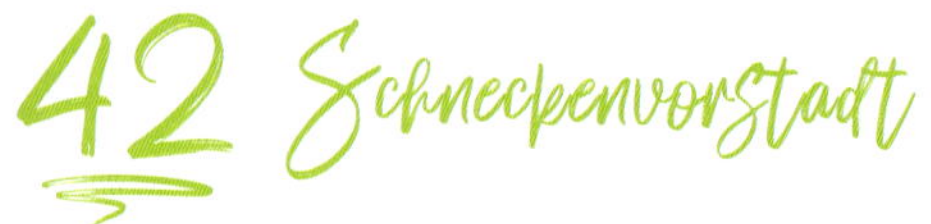

VON DER GERBERAU ZUR FISCHERAU

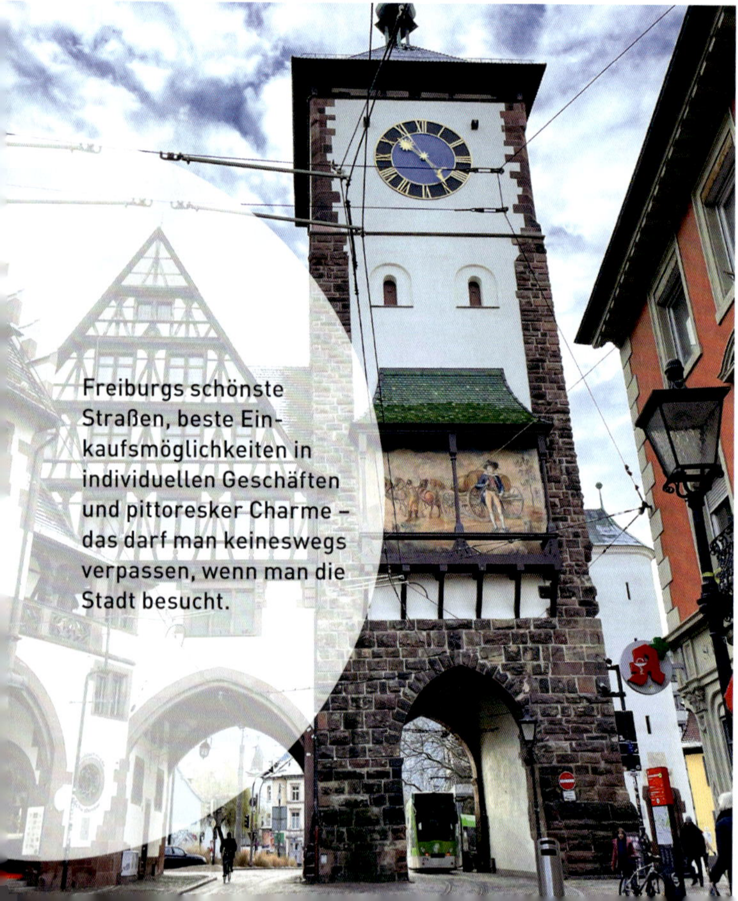

Freiburgs schönste Straßen, beste Einkaufsmöglichkeiten in individuellen Geschäften und pittoresker Charme – das darf man keineswegs verpassen, wenn man die Stadt besucht.

Die Schneckenvorstadt im Süden der Altstadt ist immer einen Abstecher wert. Wenn man ein paar Straßen vom Münsterplatz über Buttergasse, Schusterstraße und Münzgasse entlang geht, ist man gleich mittendrin in der wohl schönsten Straße der Stadt, der Konviktstraße, und dort an der „Wolfshöhle". Angeblich hat man hier früher die Wölfe heulen hören, so direkt an der Stadtmauer. Einst war hier eine düstere Gegend. In unmittelbarer Nähe zum Gasthaus „Wolfshöhle" lebte Anna Schweizerin. Sie war eine arme Besenbinderin, die als erste mutmaßliche „Hexe" im Jahr 1546 in Freiburg auf dem Scheiterhaufen verbrannt wurde.

Früher hat man hier die Wölfe heulen hören

Heute ist die Konviktstraße ein beliebtes Fotomotiv, wenn sich hier im Sommer der Blauregen wie eine Girlande quer über die Straße rankt und im Winter die Herrnhuter Sterne funkeln. Viele inhabergeführte Geschäfte laden zum Schauen und Shoppen ein. Zudem lockt vielzählige Gastronomie.

Dennoch hatte diese Gasse bis in die 1970er-Jahre einen schlechten Ruf. Im Mittelalter war es gar die Straße der Hintersassen, Gauner, Dirnen und Bettler. Und Augen auf: Im Haus „Zur schwarzen Katz", deutlich zu erkennen mit einem grün-rot-schwarzen

Hinweis auf das Haus des Henkers

Anstrich, wohnte einst der Henker von Freiburg. Die Hausfarben sind übrigens die der ehemaligen Henkerszunft. Und neben seiner Arbeit als Scharfrichter und Folterknecht soll er das Bordell, was als Haus „Zur kurzen Freud" bekannt war, geleitet haben. Er galt außerdem als Arzt der kleinen Leute.

Weiter geht es auf dem Weg in die Gerberau, vorbei an einem der noch erhaltenen Stadttore der ehemaligen mittelalterlichen Befestigungsanlagen: dem Schwabentor. Hier sieht man auf der zur Stadt reichenden Seite ein Gemälde, das den angeblichen Versuch eines reichen Schwaben zeigt, die Stadt Freiburg zu kaufen – und sein klägliches Scheitern. Auf der Außenseite ist der heilige Georg, einer von Freiburgs Schutzpatronen abgebildet.

Am Tor vorbei geht es direkt in das einstige Gerberviertel in der Schneckenvorstadt. Die Namensgebung hat nichts mit der kleinen Schnecken an sich zu tun, man glaubt, der Name geht auf ein Gasthaus zurück, an dem sich eine schneckenartige Wendeltreppe befand.

Die Schneckenvorstadt war diejenige mit der höchsten Konzentration von Badestuben wie die „Hindere Badestube", „Spitalbad", „Paradiesbad", oder auch das Bad „Zur Büttenen". Und sie war die einzige der mittelalterlichen Vorstädte Freiburgs, die dem barocken Festungsbau der französischen Herrschaft zwischen 1677 und 1687 nicht gänzlich zum Opfer gefallen ist. Durch sie fließt der Gewerbebach, der das zum Badebetrieb notwendige Wasser in die Stadt führte. Die Vorstadt selbst bestand wiederum aus mehreren Teilen: darunter der Fischerau und Gerberau. Verbunden durch Stege, kommt man hier trockenen Fußes auch auf die „Insel", dem früheren Handwerkerviertel. Hier lebten und arbeiteten Handwerker der verschiedenen Zünfte. Um ihre Berufe ausüben zu können, benötigten Müller, Gerber, Diamantschleifer oder auch die Fischer das Wasser der Dreisam, und so wurde mittels eines ausgeklügelten Systems die wertvolle Ressource über mehrere Kanäle gezielt in die hier angesiedelten Betriebe geleitet. Von der sogenannten „Insel" mit ihrer Ölmühle schlängeln sich die Bächle, die hier sehr viel tiefer und breiter sind als im Rest der Stadt, durch die Fischerau und Gerberau. Diese beiden pittoresken Gassen Gerberau und Fischerau verlaufen parallel zueinander. Umwelt- und Gesundheitsschutz sorgten schon im Mittelalter dafür, dass sich die Gerber nur bachabwärts der Fischer ansiedeln durften.

Die Gerberau – einstige Heimat der Gerber

Info

Lage: Die Schneckenvorstadt liegt in der südlichen Altstadt zwischen Mehlwaage, Martins- und Schwabentor.

Website: *alemannische-seiten.de/deutschland/freiburg_schneckenvorstadt.php*

43 Alter Friedhof

EIN GANG DURCH FREIBURGS GESCHICHTE

Idyllisch, erholsam, inmitten von Natur und voller Kunst, gepaart mit friedvollen Augenblicken und einem geheimnisvollen Hauch längst vergangener Zeiten: das ist der Besuch des Alten Stadtfriedhofs in Freiburg.

Der Alte Stadtfriedhof, nördlich der Altstadt in Freiburg-Herdern gelegen, ist zu jeder Jahreszeit einen Besuch wert. Zum Abschalten, zum Spazierengehen, zum Ruhe finden, aber auch zum Staunen, um sich zu Treffen oder zum Nachdenken. Von 1683 bis 1872 war der Alte Friedhof die Hauptbegräbnisstätte für die Freiburger. Über 1100 Gräber fanden hinter den dicken Steinmauern ihren Platz. Am Allerheiligentag 1872 fand die letzte Beerdigung statt.

Ruhet in Frieden

Der Alte Friedhof steht unter Denkmalschutz und ist schön und geheimnisvoll: mit Moos bewachsene Grabsteine, auf den Gruften wuchernde wilde Flechten, schattenspendende Bäume und an die 30 Ruhebänke machen diesen Ort so besonders. Mit knapp 2,7 Hektar ist er das flächenmäßig größte Naturdenkmal in Freiburg. Das parkartige Gelände wird ringsum von einer steinernen Mauer umschlossen. Steingrabmale, schmiede- und gusseiserne

Mauergräber

Grabmale sowie die hölzernen Kreuze der weniger begüterten Bevölkerungsschichten finden sich hier. Der Alte Friedhof ist mit rund 1.170 Grabstellen einer der größten und ältesten als Gesamtkomplex erhaltenen Friedhöfe Deutschlands.

Die Kapellen-Innendecke

Ein Besuch ist auch ein Gang durch Freiburgs Geschichte und Kunstgeschichte vom Barock bis zum Neoklassizismus. Ein Grabmal sticht besonders heraus: Verwundert bleibt man auf seinem Spaziergang entlang der Wege hier stehen, denn es liegen auf einer Grabstätte frische Blumen. Es ist das Grab von Caroline Walter aus dem Jahr 1867, das sie in Stein gemeißelt darstellt. Man meint, sie sei gerade erst friedlich und fast lächelnd eingeschlafen, in ihrer rechten Hand ein aufgeschlagenes Buch. Mit nur 16 Jahren starb Caroline Walter an Tuberkulose, die frischen Blumen sind

Caroline Walter mit stets frischen Blumen am Grab

ein Farbklecks auf dem gräulichen, vermoosten Stein. Dieses Grab ist nur eine Kopie, das Original-Grabmal ist in der sogenannten „Nonnengruft" des Schwarzen Klosters untergebracht, einem hohen Gewölbekeller mit 34 uralten Original-Grabsteinen. Als sich in den 1970er-Jahren der Zustand der Steindenkmale zusehends verschlechterte, kam die Idee auf, die wertvollsten Stücke durch Kopien zu ersetzen. Warum aber jahraus, jahrein frische Blumen auf Caroline Walters Grab liegen, mag man sich fragen. Der Volksmund erzählt, dass Caroline Walters Geliebter ihren Tod nicht verwinden konnte. Aus diesem Grund brachte er Caroline täglich frische Blumen ans Grab. Wer allerdings bis heute diese Tradition fortsetzt, ist ein ungelöstes Geheimnis. Für alle Romantiker: Vielleicht ist Liebe doch unsterblich?

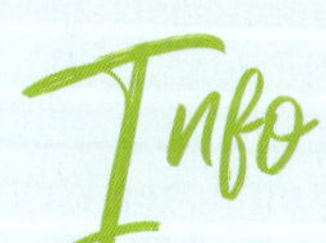

Lage: Der Alte Friedhof liegt etwa 800 Meter in nördlicher Richtung vom Münsterplatz entfernt.

Adresse: Stadtstraße, 79104 Freiburg im Breisgau

Websites:

- *alter-friedhof-freiburg.de*
- *freiburg.de/pb/233128.html*

44 Pflastersteine Freiburg

KUNST AUF DEN STRASSEN

Ein Stadtrundgang mit anderer Perspektive: Auf den Straßen Freiburgs findet sich jede Menge Betrachtenswertes. Schon sehr lange besteht die Tradition künstlerisch gestalteter Pflastermosaike und Rheinkieselpflaster auf öffentlichen Wegen, Straßen, Plätzen in Freiburg.

Die steinernen Pflastermosaike könnten sicher unglaublich viel erzählen, denn tagaus, tagein tritt man auf sie, Kinder hüpfen auf ihnen herum, man eilt über sie, ohne zu verweilen. Aber gerade diese Mosaike sind so unglaublich schön und verweisen auf längst vergessene Zeiten.

Alles soll mit dem Pflästerermeister Alois Krems begonnen haben, der im Jahr 1858 in der Konviktstraße wohnte. Bei seinen Lehr- und Wanderjahren sollen ihm die Flusskieselpflasterungen in Südfrankreich so gefallen haben, dass er diese Idee auch in Freiburg umsetzte.

Buntes Mosaik mit Tasse für ein Café

Im Zweiten Weltkrieg wurden 38 Kilometer der Straßen und Gehwege durch einen Fliegerangriff zerstört. Und das wiederum brachte für Freiburg eine Renaissance der alten Pflasterkunst mit sich. Bunte Rheinkiesel – ursprünglich wurden die Kiesel bei Niedrigwasser im Tagebau auf den Sandbänken der Rheinauen bei Breisach gewonnen – wurden mittig quer gespalten und mit der aufgebrochenen Seite nach oben eingesetzt. Aus diesen Teilen bestehen die bunten Freiburger Pflaster der Innenstadt. Aber nicht nur Rheinkiesel finden sich, sondern auch andere Materialien wie roter Porphyr, Granit, blauer Basalt, rötliche Quarzitsteine oder weißer wie grauer Mamor.

Pflastermosaik-Ornament

Am kunstvollsten werden diese Kiesel zu Ornamenten, Symbolen und Wappen zusammengefügt. So trifft man auf dem Weg durch Freiburg immer wieder das eindrucksvolle rote Kreuz auf weißem Grund. Dieses Symbol soll ursprünglich ein Fahnenzeichen des heiligen Georg, einem der Freiburger Schutzpatrone, entnommen worden sein. Auch das Stadtsiegel findet sich an mehreren Stellen der Stadt, unter anderem in der Merianstraße. Vor dem Regierungspräsidium sieht man unter anderem das Landeswappen und vor den Rathäusern die geschlossenen Städtepartnerschaften als überaus sichtbares Zeichen der Verbundenheit. Besançon ist dabei die älteste Jumelage, 1959 offiziell besiegelt. Die Wappen von Innsbruck, Madisons, Padua, Granada und viele mehr verzieren hier den Boden und laden zum Verweilen und Schauen ein.

Apotheken-Mosaik

Hier wurde einst genäht

Mit offenen Augen durch die Stadt laufen bedeutet aber auch, auf alte Zunft- und Gewerbezeichen zu stoßen. Der schwarze Stiefel, der auf ein Schuhgeschäft verweist, ein Baumkuchen bei einer Konditorei, das Apothekenzeichen, das für Hilfe bei Krankheiten steht. Nähmaschine, Messer, Brezel, Brillant, Schwarzwaldbauer, Schere, Füllhorn und so vieles mehr kann man hier entdecken. Und rund um das Münster finden sich Steinmosaike mit religiösem Hintergrund.

Die runden Mosaike und Wappen werden seit Mitte der 1970er-Jahre mittels Schablone nicht mehr direkt in den Sand gesetzt, sondern mit Mörtel in Stahlpfannen. Somit können sie auf dem Bauhof vorbereitet werden und müssen bei Straßenbauarbeiten auch nicht mehr zerstört werden.

Info

Lage: Viele der wunderbaren Mosaike finden sich in der gesamten Altstadt. Wer die Städtepartnerschaften sehen möchte, findet diese vor dem Rathaus und der Tourist-Information. *visit.freiburg.de, www.alemannische-seiten.de*

45 Seepark Freiburg

BELIEBTES NAHERHOLUNGSGEBIET

Der Puls, das Herz im Freiburger Westen mit den vier Stadtteilen Stühlinger, Betzenhausen/Bischofslinde, Lehen, Mooswald ist der Seepark rund um den Flückigersee. Dass diese Grünanlage zu den beliebtesten der Stadt zählt, ist nicht verwunderlich.

Der Weg zum Turm

Den hölzernen Aussichtsturm am nordöstlichen Ufer des Flückigersees sieht man schon von Weitem und man sollte ihn unbedingt beim Besuch des Seeparks erklimmen. In etwa 15 Meter Höhe wird man belohnt mit einem wundervollen Blick über das Gelände und den See und kann bei guter Sicht das Panorama von Schwarzwald, Freiburg und Kaiserstuhl betrachten.

Wundervolle Sicht vom Turm aus

Das Gelände ist vielseitig. Ehemals ein Baggersee und umgebaut für die Landesgartenschau 1986 ist

Der Freiburger Seepark mit Bürgerhaus und Seebühne

das Gelände ein beliebtes Ausflugsziel für Jung und Alt auf einer Fläche von 35 Hektar und zudem Veranstaltungsort des Freiburger Seefestes. Früher wurden die Flächen des heutigen Seeparkgeländes landwirtschaftlich genutzt. Der hier befindliche Schotterboden eignete sich allerdings nur wenig für den Anbau von Getreide. In den 1920er-Jahren siedelte sich der Schotterbetrieb Flückiger an, um hier Sand und Kies abzubauen. In den 1970er-Jahren wurde der

Kiesabbau eingestellt. Nur der Flückigersee mit seinen zehn Hektar Seefläche erinnert noch an diese Vergangenheit.

Anfang der 1980er-Jahre begann man in kleinen Schritten, eine Parkanlage zu gestalten. 1986 wurde die Landesgartenschau hier ausgerichtet. Mit über zwei Millionen Besuchern war die Landesgartenschau laut Berichten eine der erfolgreichsten Gartenschauen in Baden-Württemberg.

Die Pontonbrücke

Zurück zu der Anlage, die so viele Möglichkeiten bietet. Tretbootfahren, Minigolf, Kinderspielplatz, Bouleplatz, Liegewiese, Pontonbrücke, Aussichtsturm oder Ökostation finden sich hier. Man kann joggen, spazieren gehen, radeln, den Hund ausführen, sich in den Biergarten setzen und so vieles mehr. Apropos Pontonbrücke – die darf bei keinem Spaziergang fehlen. Schwimmende Plastikelemente, die auf dem Boden des Sees verankert sind und auf denen die Brückenteile fixiert sind, lassen den Rundweg um den See bestens verkürzen. Die leicht schwingende Brücke bietet ebenfalls schöne Aussichten auf den See und auf seine Bewohner, ob Tiere oder Pflanzen wie Seerosen.

Dann gibt es noch das imposante Bürgerhaus am westlichen Ufer, leicht gebogen und somit wie angeschmiegt an den See. Von hier aus sieht man das Tempelchen am südwestlichen Seeufer des Flückigersees, ebenfalls 1986 für die Landesgartenschau erbaut. Auch im Bereich beim Bürgerhaus ist die kleine Seetribüne, eine Freilichtbühne. Ruhe finden kann man im „Japanischen Garten". Im Jahr 1990 wurde zusammen mit der Partnerstadt Matsuyama auf einer Fläche von 3600 Quadratmetern dieser Garten mit Wasserfall und Bachlauf angelegt. Ein Holzsteg, Fluss, Steinlaternen, Schrittsteine und ein Pavillon mit Teehaus finden sich hier. Bäume und Pflanzen werden von den Japanern als Zufluchtsort der Ahnen angesehen und dürfen somit weder beklettert noch abgerissen oder abgeschnitten werden.

Info

Lage: Der Seepark liegt etwa zwei Kilometer westlich der Altstadt Freiburgs.

Adresse: Sundgauallee 12A, 79110 Freiburg im Breisgau

Websites:

- *freiburg.de*
- *visit.freiburg.de/attraktionen/seepark-freiburg*

46 Mundenhof

EIN TIERISCHES VERGNÜGEN

Am westlichen Rand von Freiburg bietet sich ein tolles Abenteuer für Groß und Klein, Alt und Jung. Ob kreative Auszeiten, Spaß mit den Kids, Spazierengehen oder einmal in andere exotische Welten tauchen – das ist möglich im „Mundenhof".

Europäische Damhirsche

Auf 38 Hektar sind Haus- und Nutztierrassen aus unterschiedlichen Kontinenten erlebbar. Bestens auch für Boller- und Kinderwagen geeignet, führen sozusagen alle Wege vom Eingang in Richtung Hofwirtschaft und Biergarten. Genau das ist perfekt, denn man findet Currywurst, Pommes, Crêpes oder leckeres Eis an einige Stellen und kann in der Hofwirtschaft bestens verweilen – oder im Biergarten, wenn es die Temperaturen erlauben, Der Mundenhof hat nämlich das ganze Jahr geöffnet und ist beliebter Anziehungspunkt gerade auch bei Familien. Hier gibt es immer etwas zu entdecken, zu sehen, zu bestaunen und zu hören.

Vom Eingang aus kann man gehen wie man möchte, denn schnell sieht man Kamele, Straußenvögel, Alpaka oder Zwergziegen. Man trifft im exotischen Bereich auf Affen und Pfauenvögel, Kaninchen, Ungarische Wollschweine, Schottische Hochlandrinder und Damwild. Im ganzen Gehege finden sich Plätze,

Spielplatz

die zum Verweilen oder Spielen einladen. Gerade die Spielplätze sind fantasievoll und kreativ und lassen die Kinderherzen höherschlagen. Bei schlechtem Wetter kann man im Aquarium mit interessanten Fischen in Süß- und Salzwasserbecken vielleicht vom nächsten Urlaub träumen.

Im Jahr 1968 unterstützte der damalige Freiburger Oberbürgermeister Eugen Keidel das Projekt und ein Tiergehege durfte auf dem Mundenhof eröffnet werden. Die Fördergemeinschaft Freiburger Tiergehege e. V. wurde gegründet. Innerhalb kurzer Zeit besuchten jedes Jahr mehr als 100.000 Menschen den neuen Tiergarten. Mit 38 Hektar ist der Mundenhof das größte Tiergehege in Baden-Württemberg. Auf den großzügig angelegten Koppeln leben Haus- und

Ein Übersichtsplan verhilft zum Überblick

Nutztierrassen aus aller Welt. Bewusster Verzicht auf Spektakuläres, Rückbesinnung auf das Einfache und Naheliegende – das war der Grundgedanke, auf dem das heutige Konzept des Haustiergartens konsequent umgesetzt wurde. Viele tolle Veranstaltungen locken im Jahreskalender und auch ein großes Zeltmusikfestival findet hier jährlich mit internationalen Künstlerinnen und Künstlern statt.

Gemütliche Kamele

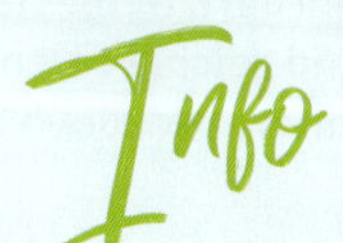

Lage: Der Mundenhof liegt etwa sieben Kilometer westlich der Freiburger Altstadt.

Adresse: Mundenhof 15, 79111 Freiburg im Breisgau, Tel. 0761 894219

Website: *mundenhof.de*

47 Vauban

PARADEBEISPIEL FÜR DEN EINSATZ ERNEUERBARER ENERGIEN

Der Stadtteil Vauban, benannt nach dem französischen Marschall und Festungsbaumeister, ist ein ganz besonderer Stadtteil und jederzeit einen interessanten Besuch wert. Das Gebiet wurde von den Bürgern mitgestaltet und zeichnet sich durch innovative Ideen aus.

Die ehemalige Schlageter-Kaserne wurde 1938 im kurz zuvor eingemeindeten Stadtteil St. Georgen gegründet. Nach dem Zweiten Weltkrieg wurde das Areal von den französischen Streitkräften übernommen. Das Gelände fiel nach dem Abzug der Streitkräfte im Jahr 1992 an das Bundesvermögensamt. Für umgerechnet 20,45 Millionen Euro kaufte die Stadt Freiburg 34 Hektar von dem etwa 38 Hektar großen Areal für die Entwicklungsmaßnahme, rund vier Hektar übernahmen das Studentenwerk und die „Selbstorganisierte Unabhängige SiedlungsInitiative". Ein städtebaulicher Ideenwettbewerb wurde 1994 ausgelobt, ein Stuttgarter Büro gewann.

Der Stadtteil ist ein Paradebeispiel für den Einsatz erneuerbarer Energien. Neben zahlreichen privaten Haushalten erzeugt auch das Sonnenschiff, das weltweit erste solare Dienstleistungszentrum, seinen eigenen Strom. Grünflächen zwischen den Häuserreihen sorgen für gutes Klima und bieten ausreichend Spielflächen für Kinder. Parallel mit der privaten Erschließung ist die Infrastruktur mit einer Schule, Kindergärten, Jugendeinrichtungen, einer bürgerlichen Begegnungsstätte, Marktplatz sowie Freizeit- und Spielflächen entstanden. Begrünte Flachdächer speichern einen Teil des Regenwassers, das gesammelt und zurückgehalten wird. Das Wohngebiet ist verkehrsberuhigt. Ein großer Teil der Haushalte ist autofrei, private Fahrzeuge werden in

Vauban Freiburg Quartier

Green City

einer der beiden Quartiersgaragen abgestellt. Im Vauban haben Fußgänger, Radfahrer und öffentliche Verkehrsmittel Vorrang. Seit 2006 ist das Wohngebiet durch die Stadtbahn erschlossen. Viele Menschen verzichten daher auf das Auto und nutzen den ÖPNV sowie das Fahrrad.

Es ist spannend in diesem besonderen Stadtteil Freiburgs. Wer ein Faible für Architektur hat, wird auf seine Kosten kommen und auch sonst gibt es viel zu entdecken. Da ist zum Beispiel das Green City Hotel Vauban, modern, ökologisch und mit sozialen

Begrünte Außenfassade

Ansprüchen, denn mehr als die Hälfte der Arbeitsplätze wurden an Menschen mit geistigen und körperlichen Behinderungen vergeben. Da gibt es das Blockheizkraftwerk, das mit Nahwärme versorgt oder die Quartiersgaragen. Die Solarsiedlung ist ein weltweit bekanntes Ensemble von Reihenhäusern als erste zusammenhängende Siedlung aus Plusenergiehäusern. Dann der Alfred-Döblin-Platz, ein großer Treffpunkt, der sich mittwochs zum Marktplatz verwandelt. Das Sonnenschiff, der erste Gewerbebau in Plusenergiebauweise und ein Paradebeispiel für Mehrfachnutzung mit Wohnen, arbeiten, einkaufen.

Das Durchschnittsalter in diesem Stadtteil liegt laut Stadt bei 27,7 Jahren, etwa 5500 Einwohner leben hier in 2472 Haushalten. Ein Modellprojekt, das gerade in heutigen Zeiten zum Nachahmen einlädt.

Stadtteilzentrum und Marktplatz

Lage: Der Stadtteil Vauban liegt etwa drei Kilometer südwestlich der Altstadt Freiburgs.

Website: *stadtteil-vauban.de*

48 Café 5 senses

HIPP, AUSGEFALLEN UND ECHT LECKER

In den zwei Freiburger Cafés werden nicht nur Café und Kuchen angeboten, sondern hier wird dem Thema Nachhaltigkeit eine große Chance eingeräumt.

Gleich zwei dieser Cafés befinden sich in Freiburg, einmal in Herdern, einmal im Vauban. Senses Coffee ist eine Kaffeerösterei, die augenscheinlich mit Herz und Leidenschaft Kaffee in Freiburg röstet. Hochwertige Produkte und ein guter Service gehen hier mit Werten wie Fairness, respektvollen und wertschätzenden Umgang mit Mitmenschen und der Umwelt Hand in Hand. Man arbeitet nach dem Nachhaltigkeitsgedanken in allen Bereichen. Befreundete Spezialitätenkaffeehändler sichern die Qualitäts- und sozialen Standards auf den Kaffeefarmen. Damit will man der Verantwortung gerecht werden, qualitativ herausragende, ökologisch und sozial nachhaltige Kaffees zu produzieren. Die Rohkaffeebohnen stammen von kleinen bis mittelgroßen Kaffee-Importeuren beispielsweise aus Peru, Äthiopien, Vietnam oder Brasilien.

Freiburger Kaffeerösterei

Stilvolles und hippes Ambiente

Wer hier im schön aufgemachten Shop-Regal seinen Kaffee kauft – die Vielfalt ist immens, der tut Gutes für die Ökobilanz. Versprochen wird nämlich, dass für jede verkaufte Packung Kaffee mit dem Partner Plant-for-the-Planet ein Baum gepflanzt wird. Das soll sogar ganz unabhängig vom Wert der Packung geschehen. Das Ziel des Unternehmens ist übrigens 100.000 Bäume zu pflanzen.

Kaffee Crema – ein Genuss

Wem aufgrund der Vielzahl der Kaffeesorten die Entscheidung für eine Sorte schwer fällt, kann auf die angebotenen Probierpackungen zurückgreifen, ob für Vollautomaten, Filterkaffee oder Espresso. Das ist genial. Und noch etwas ist bemerkenswert: das versandkostenfreie und flexible Kaffee-Abo, bei dem man zudem spart.

Hier snackt es sich gesund

Die Lokalitäten von 5 Senses Coffee zeigen eine wunderbare Atmosphäre gepaart mit kreativen Produkten. Bei der Speisekarte fällt die Auswahl ebenso schwer wie beim Kaffee. Alle Speisen und Getränke werden individuell zubereitet. Waffeln, Bio-Suppe, kleine Snacks oder leckere Kuchen stehen zur Auswahl, bis 13 Uhr gibt es zudem verschiedene Frühstücke. Gebacken wird dabei in der hauseigenen Konditorei.

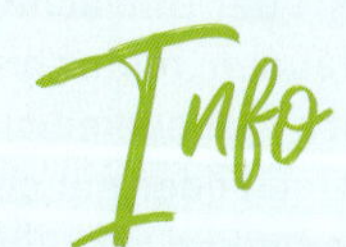

Lage: Die Cafés sind in Herdern und Vauban.

Adressen:

- café & rösterei 5 Senses Herdern: Okenstraße 4, 79108 Freiburg, Tel. 0761 55759100
- café 5 Senses Vauban: Wiesentalstraße 22, 79115 Freiburg, Tel. 0761 55653321

Website: *5senses.coffee*

49 Skulpturenpfad

WALDMENSCHEN ERZÄHLEN GESCHICHTEN

Der Skulpturenpfad Wald-Menschen ist eine Installation des Bildhauers Thomas Rees im Arboretum Freiburg beim WaldHaus Freiburg. Zu jeder Zeit zugänglich, darf der Betrachter mal staunen, mal schmunzeln, sich mal beeindruckt zeigen oder mit seinen Gedanken abschweifen. Eine wundervolle Abwechslung verschiendester Werke bietet sich hier unter freiem Himmel.

Vom Freiburger Waldhaus aus sind es nur wenige Schritte, bis man auf den ersten Waldmenschen trifft, erschaffen aus knorzeligen alten Bäumen, die sicher viel zu erzählen hätten aus allen Jahren, die sie so im Wald verbracht haben. Geschichten der Wanderer, Spaziergänger oder Radler, die vorbeikamen, Erzählungen von Trauer, Ängsten, Liebeskummer, vom Wetter mit Sonne, Wind und Sturm und von den vielen Waldbewohnern. Bäume, die kaputt gegangen oder umgefallen sind, werden durch den Holzkünstler Thomas Rees zu neuem Leben erweckt und erfreuen fortan an anderer Stelle die Betrachter – ganz bewusst, weil man sich Zeit nimmt und nicht einfach vorbeieilt.

Freiheit

Auf dem Weg durch den Wald trifft man schnell auf Skulpturen, die mal freundlich-fantasievoll wirken, mal fremd und verschreckend. Die vergänglichen Werke können den Blick neu ausrichten, nachdenklich machen oder einfach nur Spaß bringen. Mythen, Märchen, Ängste, Freude, Not in einer globalisierten Welt – so überschreibt Thomas Rees den Skulpturenpfad WaldMenschen, den er direkt hinter dem WaldHaus geschaffen hat und auf dem nicht nur menschenähnliche Wesen zu finden sind. Der Pfad ist jedem und jederzeit frei zugänglich.

Detailverliebt

Beim Spaziergang trifft man beispielsweise auf das „Einhorn", die „Baumwelt", den „schlafenden Riesen", den „Wurzelkopf", aber auch auf „Hexenschuss", „Holzkopf" oder „Waldgesichter". Alle Skulpturen, entstanden aus Bäumen oft weit über 100 Jahre alt, haben ihre eigene Geschichte und ihr neues Leben hier im Freiburger Wald von Thomas Rees eingehaucht bekommen. Man kann als Betrachter selbst entscheiden, was man in den Holzskulpturen sehen möchte und sieht. Es macht Spaß hier von Waldmensch zu Waldmensch zu laufen, man freut sich auf die Vielfalt und bekommt Achtung

Der Holzkopf

vor dem künstlerischen Aspekt und dem vielfältigen Geist, den Thomas Rees hier versprüht hat. Dieser Skulpturenpfad ist immer wieder eine gelungene Abwechslung im Alltag und sorgt für eine entspannende Auszeit.

Baumwelt Gesichter

Info

Lage: Der Skulpturenpark und das WaldHaus liegen etwa sechs Kilometer südlich der Altstadt.

Adresse: Wonnhaldestraße 6, 79100 Freiburg im Breisgau

Websites:

- waldhaus-freiburg.de/skulpturenpfad/
- thomas-rees.com/skulpturenpfad-waldmenschen/

50 Schauinsland

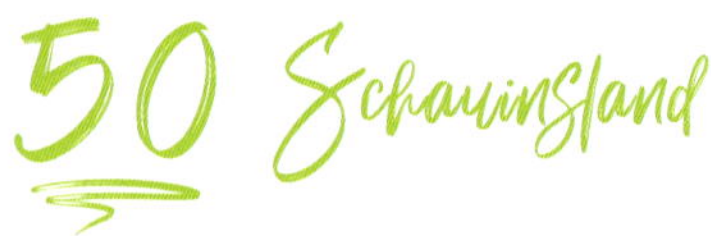

BESTER BLICK INS LAND AUF 1284 METERN

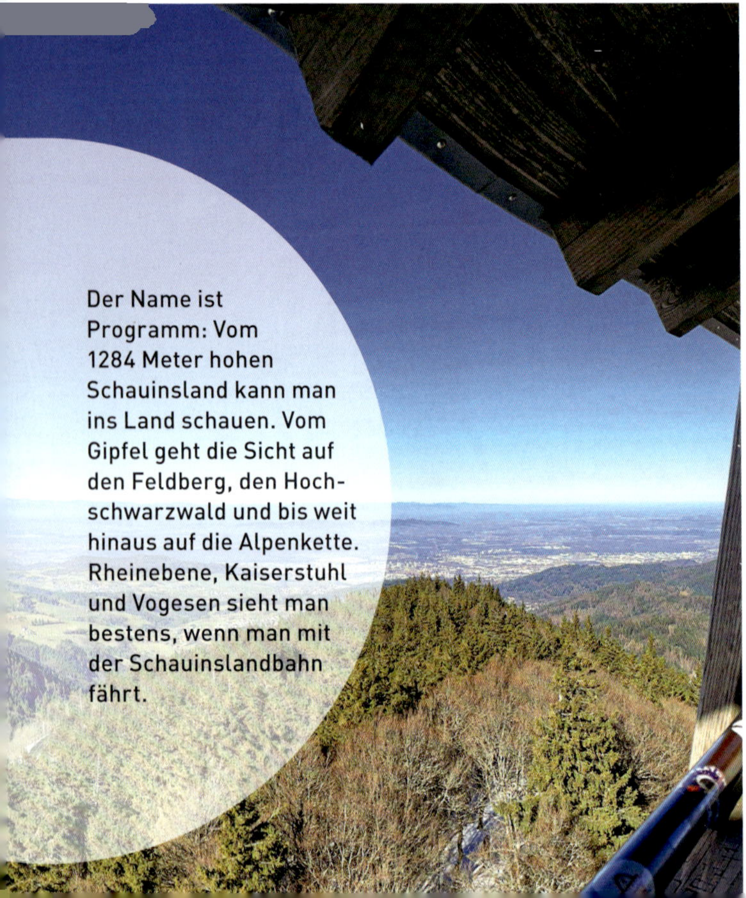

Der Name ist Programm: Vom 1284 Meter hohen Schauinsland kann man ins Land schauen. Vom Gipfel geht die Sicht auf den Feldberg, den Hochschwarzwald und bis weit hinaus auf die Alpenkette. Rheinebene, Kaiserstuhl und Vogesen sieht man bestens, wenn man mit der Schauinslandbahn fährt.

Der Schauinsland liegt 15 Kilometer südlich von Freiburg und ist immer einen Ausflug wert. Hier kann man viel erleben, unternehmen, Spaß haben, entdecken und genießen. An der Westseite des Berges überwindet die Schauinslandbahn, mit 3600 Metern die längste Umlaufseilbahn Deutschlands, einen Höhenunterschied von 746 Metern. Und allein die Gondelfahrt ist ein unbeschwertes, ganz spezielles Vergnügen, mit der man sich den schweißtreibenden Aufstieg spart, der natürlich auch möglich ist.

Oben steht der Schauinslandturm. Direkt von der Bergstation aus führt ein Rundweg vorbei an naturbelassenen Weiden zum Gipfel, begleitet von einem Themenpfad mit märchenhaften Holzskulpturen. Hier muss nicht zwangsläufig gewandert werden, nein, ein ausgedehnter Spaziergang ist ebenso machbar – und das zu jeder Jahreszeit.

Der Schauinslandturm

Blick auf den Feldberg, die höchste Erhebung in Baden-Württemberg

Der Freiburger Hausberg verwandelt den Tag in Glücksmomente, ganz gleich, wie man das für sich selbst definieren mag. Lecker und vielseitig ist der Tagesanfang mit dem Frühstück in der Bergstation mit Kaffee und Kuchen oder Käsefondue, bei dem man sich stärken kann, um dann zu einem ausgedehnten Rundgang mit Weitsicht zu starten. Rund um den Schauinsland gibt es weitere Einkehrmöglichkeiten, je nach Gusto.

Aber nicht nur das Genießen, Wandern und Spazierengehen steht dem Schauinsland gut zu Gesicht. Bei Bikern weckt er den Sportsgeist, denn offroad mit dem Mountainbike kann man den Gipfel von vielen Seiten bezwingen. Für Rennradfahrern gilt er als ein Klassiker zum Feierabend oder am Wochenende. Sportkletterer finden nahe der Bergstation der Schauinslandbahn beste Felsformationen. Der stete Wind hat nicht nur zu reizvollen

Die Talstation

und bizarren Buchenwuchs geführt, sondern bietet jedem, der einen bunten Lenkdrachen sein Eigen nennt, optimale Verhältnisse. Und wer selbst hoch hinaus in die Lüfte möchte: auch Gleitschirmflieger kommen hier voll auf ihre Kosten. Wenn der Winter hier oben Einzug gehalten hat und alles mit weißem Pulverschnee bedeckt ist, dann können sich Skifahrer, Snowboarder, Rodler oder auch Schneeschuhwanderer gleichermaßen an der weißen Pracht erfreuen.

Der Winter am Schauinsland

Und noch etwas bietet der Berg: ein Museumsbergwerk gleich in Gipfelnähe. Hier können die Besucher hautnah in die Unterwelt eintauchen und 800 Jahre Bergbaugeschichte im größten Silberbergwerk Süddeutschlands erleben.

Museumsbergwerk

Lage: Der Schauinsland liegt etwa zehn Kilometer südlich von Freiburg im Breisgau.

Adresse: Talstation Schauinslandbahn, Bohrerstraße 11, 79289 Horben

Websites:

- visit.freiburg.de/attraktionen/freiburg-der-schauinsland
- schauinslandbahn.de

HINWEIS: Der Schauinsland ist mit der Schauinslandbahn (barrierefrei) in 20 Minuten zu erreichen. Der stufenlose Gipfelrundweg ist geteert, an vielen Stellen sind aber erhebliche Steigungen zu bewältigen.

Das kleine
Wörterbuch

Bienenstöcke in der Landschaft, guten Honig gibt es ebenfalls in der Region

Das kleine Wörterbuch

Allewil – Immer
Äwäng, äwängli – Ein wenig, ein bisschen
Ännewäg – Sowieso
Aldbache – Altmodisch

Babble – Plappern
Bibbili – Küken
Bickelhärt – Sehr hart
Blutt – Nackt
Bottschämberli – Nachttopf

Dunnder – Donner
Dunnschdig – Donnerstag

Ebbis – Etwas
Effange – Endlich
Epfl – Apfel

F

Fasnet – Fasnacht
Fiedle – Popo
Fiir – Feuer
Firschi – Vorwärts
Frittig – Freitag

Gällriebli – Karotte
Geschtert – Gestern
Guggele – Tüte
Guler – Hahn

H

Haafekääs – Nichts Besonderes
Händschig – Handschuh
Hütt – Haut

Jänner – Januar
Jomere – Jammern

Katzerolli – Kater
Kratzete – Zerkleinerte, zerrupfte Pfannkuchen
Kriase – Kirschen

L

Lambe loh – Hängen lassen
Los mi goo – Lass mich in Ruhe
Lodderig – Locker

M

Määndig – Montag

N

Naie – Nähen
Noobe – Guten Abend

O

Oxe – Lernen, büffeln

P

Pfätze – Kneifen, zwicken

R

Ranzepfiefe – Bauchweh

Samschdig – Samstag
Schunke – Schinken
Sürpfle – Wein genießen

T

Triize – Jemanden antreiben
Trotti – Weinpresse

U

Umkeit – Umgefallen
Üsmache – Sich verabreden oder jemanden verspotten

Verseggle – Jemanden beschwindeln

W

Wii – Wein

Z

Zittig – Zeitung

Michael Seiterle
ISBN 978-3-96855-315-3
Preis 16,95 €

In der Reihe sind u. a. bisher erschienen:

Jochen Müssig
ISBN 978-3-96855-323-8
Preis 16,95 €

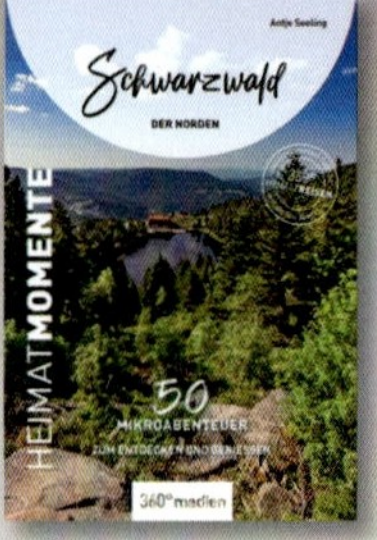

Antje Seeling
ISBN 978-3-96855-384-9
Preis 16,95 €

Nadine Taylor
ISBN 978-3-96855-295-8
Preis 16,95 €

Marina Friedt
ISBN 978-3-96855-267-5
Preis 14,95

Bildnachweis:

Alle Bilder von Heike Scheiding-Brode, außer: Adobe Stock Cover, S. 115 | Andreas Schwarzkopf, CC BY-SA 3.0 S. 16o, 192, 230 | Andreas Schwarzkopf, CC BY-SA 4.0 S. 226o | Andreas Trepte, CC BY-SA 2.5 S. 135 | Brauereiausschank Freiburg S. 205 | Comanderkeen, CC BY-SA 3.0 S. 15o | CrazyD CC BY-SA 3.0 S. 162 | Edi06331, CC BY-SA 3.0 S. 137 | I, Michael Sch, CC BY-SA 3.0 S. 180 | Ildigo pixabay S. 21 | Jom Joachim Müllerchen, CC BY-SA 3.0 S. 140 | Jörgens_mi CC BY-SA 3.0 S. 19o, 245 | kaiserstuhl-escape S. 38-40 | Karten – Mapcreator.io, OSM.org, ©DLR, ©Airbus Defense and Space, ©Copernicus S. 24, 25, 29, 79, 119, 133, 189 | Kreuz-Post Kaiserstuhl S. 62-65 | Michielverbeek, CC BY-SA 4.0 S. 165 | Niamh Schnebelt, CC BY-SA 4.0 S. 134 | pixabay S. 181 | pixabay S. 34 | Pkunkel S. 61 | Schröder-Esch S. 84, 86 | W Bulach, CC BY-SA 4.0 S. 178